# Pour une autre Afrique

## Éléments de réflexions pour sortir de l'impasse

Ndongo Samba Sylla (dir.)

# Pour une autre Afrique

## Éléments de réflexions pour sortir de l'impasse

L'Harmattan

Ce livre a été publié avec le concours de la Fondation Rosa Luxemburg sur la base des fonds mis à disposition par le ministère fédéral allemand de la Coopération et du Développement


5-7, rue de l'École-Polytechnique ; 75005 Paris

http://www.librairieharmattan.com
diffusion.harmattan@wanadoo.fr
harmattan1@wanadoo.fr

ISBN : 978-2-336-30479-3
EAN : 9782336304793

# REMERCIEMENTS

Le présent ouvrage rassemble les textes présentés lors de la conférence tenue entre le 26 et le 28 juin 2012 à Dakar au siège du bureau Afrique de l'Ouest de la Fondation Rosa Luxemburg. Le thème retenu était : « Quels changements pour l'Afrique ? Quels acteurs pour les porter ? » Tous nos partenaires avaient répondu présent à notre invitation au même titre que des acteurs de la société civile et du milieu de la recherche universitaire.

Nous adressons nos vifs remerciements à tous nos partenaires, aux conférenciers (M. Mamane S. Adamou, Dr Okopu Aidoo, M. Assane Mbaye (Alliance pour la refondation de la gouvernance en Afrique), Dr Mor Faye, Dr Ike Okonta, Dr Kehinde Olayode, Dr Fidelis Allen) et aux modérateurs (M. Boubacar Seck, Conseil des ONG d'appui au développement (CONGAD), Sénégal ; M. Ibrahima Sène, Parti de l'indépendance et du travail (PIT), Sénégal ; Mme Odile Faye, Association des femmes africaines pour la recherche et le développement (AFARD), Sénégal ; Dr Tidiane Kassé, Fahamu/Pambazuka ; M. Sam Ajufoh, Action for Community Development (ACD), Nigeria ; M. Ken Henshaw, Social Action, Nigeria ; Mme Chrystel Lemoing, Fondation Gabriel Péri, France ; Dr Arndt Hopfmann, Fondation Rosa Luxemburg ; Mme Mary Torgbe, Trade Union Congress, Ghana ; M. Nouhoum Keïta, Association des résidents et amis de la commune de Faléa (ARACF), Mali).

Monsieur Mansour Sy, ministre de la Fonction publique, du Travail et des Relations avec les institutions (Sénégal), nous a fait l'honneur d'inaugurer cette conférence. Une mention spéciale est également réservée au Président de la Fondation Rosa Luxemburg, M. Heinz Vietze, qui a tenu à effectuer le déplacement pour, entre autres, s'associer aux débats et présenter le travail de la Fondation. Cette conférence a été l'occasion de discuter de la crise multiforme que traverse l'Europe ainsi que de la situation du Mali. Nous remercions Dr Thomas Sablowski et M. Mohamed ag Akératane (Radio Kayira) de nous avoir prodigués leurs lumières sur ces deux sujets.

Enfin, nous exprimons notre profonde gratitude à tous ceux qui ont œuvré pour la tenue de cette conférence (Mme Kolo Diallo, Mme Mariem Ndiaye, Mme Clémentine Thiam, M. Yoro Fall, M. Damien Sarr, M. Djiby Ba) ainsi que pour la publication de cet ouvrage. Nous pensons aux traducteurs (Mme Carole Small Diop, M. David Clément Lèye, M. Madior Diallo, Mme Maymouna Diallo Ka) et à nos collègues Dr Bruno Sonko et Dr Ibrahima Thiam.

Dr Claus-Dieter König & Dr Ndongo Samba Sylla

Directeur du bureau Afrique de l'Ouest de la Fondation Rosa Luxemburg – Chercheur au bureau Afrique de l'Ouest de la Fondation Rosa Luxemburg

## Liste des principaux acronymes utilisés

**AD** : Alliance for Democracy (parti politique nigérian)

**AFRICOM** : Commandement des États-Unis pour l'Afrique (United States Africa Command)

**AQMI** : Al-Qaïda au Maghreb islamique

**BIT** : Bureau international du travail

**CD** : Campaign For Democracy (organisation de la société civile nigériane)

**CDP** : Conférence des Parties

**CEDAW** : Acronyme anglais de Convention sur l'élimination de toutes les formes de discrimination à l'égard des femmes

**CEDEAO** : Communauté économique des États de l'Afrique de l'Ouest

**CNPC** : China National Petroleum Corporation

**CPC** : Congress for Progressive Change (parti politique nigérian)

**DA** : Democratic Alternative (parti politique nigérian)

**FMI** : Fonds monétaire international

**GAD** : Genre et Développement (*Gender and Development*)

**GEWE** : Égalité de genre et capacitation des femmes (*Gender, Equality and Women Empowerment*)

**IYC** : Ijaw Youth Council

**MEND** : Mouvement pour l'Émancipation du Delta du Niger (Movement for the Emancipation of the Niger Delta)

**MNLA** : Mouvement national de libération de l'Azawad

**MOSOP** : Mouvement pour la survie du peuple Ogoni (Movement for the Survival of the Ogoni People)

**NADECO** : National Democratic Coalition (parti politique nigérian)

**NLC** : Nigeria Labour Congress (Syndicat nigérian)

**NPN** : National Party of Nigeria

**NRC** : National Republican Convention (parti politique nigérian)

**OCDE** : Organisation de coopération et de développement économiques

**OMD** : Objectif (s) du millénaire pour le développement

**ONG** : Organisation non gouvernementale

**OSC** : Organisation de la société civile

**OTAN** : Organisation du traité de l'Atlantique nord

**PAS** : Programme (Plan) d'ajustement structurel

**PDP** : Peoples Democratic Party (parti politique nigérian)

**PIB** : Produit intérieur brut

**PNUD** : Programme des Nations unies pour le développement

**PNUE** : Programme des Nations unies pour l'environnement

**SDCEA** : Alliance environnementale de la Communauté de Durban Sud (*South Durban Community Environmental Alliance*)

**SDP** : Social Democratic Party (parti politique nigérian)

**SNG** : Save Nigeria Group (organisation de la société civile nigériane)

**TSCTP** : Trans-Saharan Counter Terrorism Partnership

**TSGP** : Trans-Saharan Gas Pipeline

**WID** : Femmes dans le développement (*Women in Development*)

« Pour ne pas être privés du résultat obtenu,
pour ne pas perdre les fruits de la civilisation,
les hommes sont forcés,
du moment où le mode de leur commerce ne
correspond plus aux forces productives acquises,
de changer toutes leurs formes sociales traditionnelles. » Karl Marx*

En juin 2012 il était tout simplement impossible de préparer une conférence sur le changement économique et social et trouver des acteurs pour la porter sans tenir compte de deux faits marquants du moment au Sénégal et au Mali. Frais dans les esprits, ces faits ont quasiment influencé toutes les interventions – autant sur le vrai sens du mot « démocratie » que sur celui de la fracture durable de la société civile nigériane – et ont même dominé les débats durant la conférence.

Le premier fait vraiment marquant a été l'élection présidentielle au Sénégal et les vives protestations publiques qui ont jalonné la campagne électorale. En fin de compte, et de façon quelque peu inattendue, les élections se sont bien déroulées et ont pu ainsi se révéler comme un exemple de « bonne gouvernance » bien que les attentes n'aient presque pas été satisfaites. En effet, malgré un « changement de régime », les rêves et espoirs d'un mieux-être des gens ordinaires ont été déçus. En vérité, on ne pouvait pas s'attendre à autre chose. L'écrivain et journaliste allemand Kurt Tucholsky a déclaré il y a de cela presque un siècle déjà : « Si les élections (sous le capitalisme) pouvaient apporter le changement, elles seraient complètement interdites ». Au cas où l'on aurait besoin d'une preuve de l'inutilité même des meilleurs systèmes multipartites lorsqu'il s'agit de créer le changement social et économique, le Sénégal pourrait servir de brillant exemple. La vraie question est toutefois beaucoup plus profonde. Plus nous avons conscience de la nécessité de changer notre mode de production, de consommation et de vie, plus nous

* Karl Marx, lettre à Pavel V. Annenkov, 28 décembre 1846. Lettre disponible sur http://www.marxists.org/francais/marx/works/1846/12/kmfe18461228.html [visité en avril 2013].

semblons incapables de faire les choses qui, à l'évidence, s'imposent. À cet égard, les élections multipartites avec leurs rites symboliques et les résultats stériles qu'elles engendrent ne servent simplement à rien. Même si la règle s'applique au vieux concept de « révolution », les mouvements sociaux se sont littéralement « égarés ». C'est cela le dilemme et « il doit sûrement y avoir un moyen de s'en sortir »* – mais encore faut-il trouver le chemin.

Si le changement est vraiment possible, alors il semble qu'il ne fera qu'empirer les choses. C'est la leçon que l'on peut tirer des événements qui secouent le Mali où un coup d'État a ouvert la voie à l'occupation du nord par des forces islamiques fondamentalistes. La situation au Mali était le second problème important qui a eu un impact significatif sur les débats lors de la conférence. Alors que le système multipartite crée à l'évidence des dysfonctionnements qui empêchent la participation démocratique réelle et significative des masses lorsqu'il s'agit d'améliorer leurs conditions socioéconomiques, les événements au Mali ont montré la face hideuse de la seule alternative qui semble réellement exister – à savoir la réinvention des Âges sombres sous la forme moderne d'une barbarie armée. Mais ce n'est pas encore la fin de toute l'histoire et ce n'est pas non plus la seule leçon à tirer parce que le salut contre un monstre n'est évidemment pas possible sans la libération d'un autre – le spectre du néocolonialisme.

Sans un mouvement qui s'autodétermine sous la houlette du peuple, en vue d'un changement démocratique réel – c'est-à-dire de nature participative, sociale et économique – l'Afrique de l'Ouest demeurera piégée à travers le rouleau compresseur d'une division sociale croissante entre une minorité de personnes excessivement riches et une majorité de personnes vivant dans une pauvreté abjecte. Au final, toutes les deux minorités se retrouvent dominées par des puissances étrangères sous le couvert de la « mondialisation néolibérale » ou celui du retour vers une dictature hautement sophistiquée, prétendument confessionnelle, qui n'en est pas moins barbare.

Quoique difficiles à cerner, la recherche d'un changement social et le renforcement des capacités politiques de ceux qui y aspirent sont des questions d'une brûlante actualité. La conférence tenue en juin 2012 ne

* Paroles de la chanson de Bob Dylan intitulée "All along the watchtower" extraite de l'album *John Wesley Harding*, 1967.

pouvait espérer en faire le tour. Mais elle a apporté quelques pistes et éléments fondamentaux que le lecteur intéressé et militant pourra trouver dans ce volume.

Berlin, mars 2013
Arndt Hopfmann

# Introduction

Cinquante ans après les indépendances, le besoin de changements structurels radicaux est plus que jamais d'actualité sur le continent africain. Les modèles politiques qui ont été testés jusque-là ont quasiment tous montré leurs limites. Si le modèle du parti unique a rétrospectivement révélé un bilan désastreux, l'ouverture au multipartisme et la marche irrégulière vers la « démocratie représentative » qui s'en sont suivies tardent encore à convaincre. Partout sur le continent, et quelles que soient les différences sur le volet institutionnel, le pouvoir politique semble confisqué par des élites de plus en plus déconnectées des préoccupations des populations. La démocratisation apparente des institutions n'a pas véritablement conduit à une démocratisation du pouvoir politique. Cette coupure entre les gouvernants et les gouvernés est renforcée par la tendance à une scission accélérée entre la « sphère sociale » et la « sphère économique ». Les politiques économiques sont davantage dictées par les exigences du système capitaliste que par les besoins des populations africaines. De plus en plus, elles sont décidées à des échelons pour lesquels il n'existe pratiquement pas de contrôle démocratique. Le résultat est que les acteurs politiques rendent compte davantage aux acteurs économiques, qu'ils se nomment bailleurs de fonds, investisseurs étrangers, multinationales, etc. qu'à leurs citoyens. La preuve, après l'échec retentissant de deux décennies d'ajustement structurel, l'Afrique s'est aussitôt retrouvée dans les mailles de la « bonne gouvernance » néolibérale : libéralisation économique dans le domaine du commerce, de l'investissement et de la finance, intensification de l'exploitation des ressources naturelles, accaparement des terres, etc. Ceci a eu pour conséquence, entre autres, une augmentation des transferts de revenus et de capitaux à destination du reste du monde, ainsi qu'une marginalisation croissante des couches les plus défavorisées.

Ces orientations politiques et économiques ne peuvent toutefois perdurer longtemps sans hypothéquer l'avenir du continent. Même si des « progrès » ont été notés sur certains aspects, les résultats demeurent généralement en dessous des espérances. Les changements attendus par les populations n'ont pas véritablement encore eu lieu. Malheureusement, il est loin d'être garanti que les formes politiques actuelles puissent conduire vers les changements structurels souhaités. Comme le temps n'est plus à la réforme, une rupture s'avère nécessaire vis-à-vis des référentiels existants.

Trouver des solutions durables aux défis qui interpellent présentement les États africains dans les domaines politique (pacifier le continent, mettre en place des régimes politiques plus inclusifs et plus sensibles aux préoccupations populaires, accélérer l'intégration politique et économique du continent, etc.), socioéconomique (vaincre la pauvreté, assurer la sécurité alimentaire, créer des emplois de qualité pour une force de travail en croissance, créer des infrastructures, etc.) et environnemental (lutter contre l'accaparement des terres, la déplétion des ressources naturelles, le changement climatique, etc.) est une tâche d'autant plus pressante qu'un boom démographique se profile. Selon les projections des Nations unies, l'Afrique représentera près d'un quart de la population mondiale à l'horizon 2050. Si l'Afrique n'arrive pas encore à s'occuper correctement des problèmes que rencontre son milliard d'habitants, comment le pourrait-elle au moment où sa population aura doublé ?

La situation est d'autant plus alarmante que l'on assiste à un redéploiement de l'impérialisme classique dans sa face la plus hideuse et la moins « civilisée ». Sécuriser les « marchés » émergents en Afrique, quel qu'en soit le prix, telle est la nouvelle approche des puissances hégémoniques, laquelle stratégie trouve son répondant national dans les efforts faits par les gouvernants pour améliorer le « climat des affaires » et pour progresser dans les classements internationaux en termes de « compétitivité ». De sorte que ce qui passe pour des « avancées » se résume bien souvent à une croissance économique purement scripturale (c'est-à-dire une croissance qui est visible dans les statistiques plus que dans la réalité quotidienne de la majorité) qui ne crée pas d'emplois et qui est dans de nombreux cas entretenue par des investissements étrangers procycliques qui opèrent pour l'essentiel dans le secteur des ressources naturelles.

À l'évidence, l'Afrique ne peut plus se permettre de perdre du temps car le temps joue en sa défaveur. Au vu de l'ampleur des défis à relever, il est urgent d'avoir un regard autre sur les évolutions actuelles. Pour cela, il ne suffit pas seulement de dénoncer les insuffisances et les limites de ce qui existe, c'est-à-dire du néolibéralisme. Il s'agit plutôt de pouvoir aller au-delà et d'essayer de proposer des alternatives crédibles et porteuses sur le long terme. C'est aujourd'hui le terrain sur lequel devraient se situer les acteurs soucieux de l'avenir du continent. Avec la crise systémique de 2008 qui a brutalement rappelé l'évidence dont le discours dominant ne veut point entendre parler, le temps est venu d'envisager d'autres choses, d'autres modèles, d'autres paradigmes, d'autres référentiels, et il faudrait saisir cette opportunité. Telle est la conviction du Bureau Afrique de l'Ouest de la Fondation Rosa Luxemburg qui a organisé en juin 2012 une conférence qui s'articulait autour des deux questions suivantes : de quels changements l'Afrique a-t-elle besoin ? Qui doit les porter ? L'objectif visé à travers cette rencontre était de susciter des éléments de réflexion autour d'alternatives qui pourront permettre à l'Afrique de sortir de l'impasse. Le présent ouvrage récapitule les contributions des principaux intervenants.

Pour changer les choses, il faut apprendre à réfléchir autrement, il faut de nouveaux systèmes conceptuels. C'est le point de vue exposé dans le Chapitre 1. Selon Ndongo Samba Sylla, la plupart des théories disponibles, du fait de leur « spécificité historique », ne permettent pas de bien appréhender les questions que l'on se pose au sujet de l'Afrique. En vue d'étayer cette thèse, il prend à partie l'hypothèse qui impute le sous-développement de l'Afrique à un déficit de « démocratie ». Après avoir souligné que la « démocratie » est l'un des concepts les plus détestés de l'histoire de la pensée politique occidentale ainsi que la transformation sémantique qu'il a subie à partir du XIX$^{e}$ siècle, il montre ensuite que les systèmes actuels nommés « démocraties », et qui sont en réalité des « oligarchies » (gouvernement du petit nombre), ont été conçus à l'origine dans le but de déposséder les peuples de tout pouvoir politique et de sécuriser l'accumulation capitaliste. Non seulement la « démocratie libérale » n'est pas un gage de développement économique, mieux, indique-t-il, l'insistance sur la désirabilité de cette forme politique tend à faire occulter que les pays qui se décrivent comme des champions de la « démocratie » sont ceux qui dominent le monde et contrôlent l'essentiel des richesses produites par l'Humanité. Pour Ndongo Samba Sylla, la « démocratie libérale » n'est pas une solution mais fait plutôt partie des problèmes du continent. Il faudrait plutôt réfléchir à mettre en place des formes de délégation de l'autorité politique qui permettent une meilleure participation politique des peuples et qui reflètent davantage la diversité sociologique des Nations. Un premier pas en ce sens consisterait à ses yeux à briser le monopole des partis politiques sur la chose commune.

Dans le Chapitre 2 Mamane Sani Adamou identifie quatre principaux défis à relever dans une perspective de changement social bénéfique aux peuples : le défi de la construction étatique, le défi démocratique, le défi du développement et le défi stratégique. Or, ce projet de mettre en place des États souverains, viables, pacifiés, prospères et démocratiques est mis à rude épreuve par le déploiement des puissances hégémoniques comme les États-Unis, l'Europe et la Chine qui ne voient en l'Afrique qu'une réserve de ressources naturelles et de « marchés » à conquérir. Mamane Sani Adamou essaie d'illustrer ce point en prenant l'exemple de la zone sahélo-saharienne, zone qui connaît une « crise sécuritaire » et une conflictualité endémique alimentées par les rivalités auxquelles se livrent les grandes puissances, lesquelles s'appuient généralement sur une « alliance compradore » qui réussit tant bien que mal à se forger une légitimité « démocratique » via le mécanisme électoral. De fait, selon Mamane Sani Adamou, seule une alliance des classes et couches populaires peut porter le projet d'une démocratisation qui rime avec progrès social, d'un développement autonome au bénéfice des peuples.

Kojo Okopu Aidoo fait remarquer dans le Chapitre 3 que le continent africain depuis sa libération de la colonisation a pratiquement testé tous les modèles imaginables aussi bien en matière économique qu'en matière politique. Si un développement véritable n'en a pas résulté, les raisons sont à rechercher dans le fait que les États africains n'ont tout simplement pas eu un agenda de développement *fait maison*. Ils se sont contentés de paradigmes importés dont la principale caractéristique est qu'ils reposent sur l'acceptation des structures du système capitaliste et notamment du statut périphérique des pays africains qui sont perçus avant tout comme des exportateurs de produits primaires. Or, souligne Kojo Opoku Aidoo, le développement à l'intérieur du système capitaliste est une option bloquée, une stratégie improbable pour le continent. À la place, il propose la stratégie du « développement démocratique », c'est-à-dire une vision du développement qui fait des populations africaines les acteurs, les moyens et la fin du développement, envisagé comme un processus qui doit d'abord commencer au sein de leur environnement immédiat. Pour porter ses fruits, cette stratégie ambitieuse requiert que les citoyens ordinaires soient eux-mêmes les maîtres d'œuvre.

Dans cette recherche d'un « développement démocratique », une chose doit cependant être considérée comme évidente : aucun changement significatif et véritablement démocratique ne pourra avoir lieu sans l'implication et la participation actives des femmes, c'est-à-dire du groupe social qui représente la majorité démographique en Afrique. Tel est le message délivré par Kehinde Olosula Olayode dans le Chapitre 4 où il se propose de (i) faire mieux comprendre les relations entre la gouvernance, l'égalité de genre, la réduction de la pauvreté et le développement de l'Afrique et (ii) d'examiner les moyens qui permettraient de les prendre en compte dans la formulation des politiques et dans la mise en œuvre des dépenses publiques. Kehinde Olayode termine son propos en insistant sur le rôle que peuvent jouer les ONG locales, les partenaires au développement et les décideurs politiques nationaux dans le cadre de la promotion de programmes de gouvernance sensibles à la question du genre.

Outre la question du « que faire ? », celle du « qui peut le faire ? » doit être prise en considération. Un aspect essentiel concerne en effet la place des mouvements sociaux voire de la « société civile », catégories qui, dans leur usage contemporain, gagneraient à être élucidées sur le plan analytique, dans le processus de changement social. Il ne fait aucun doute que les mouvements sociaux en Afrique ont souvent eu un rôle d'avant-garde dans les conquêtes démocratiques. Mais, pour autant, ont-ils réellement les épaules assez larges pour porter le processus de changement social ? Ne serait-il pas naïf d'une certaine manière de croire que les mouvements sociaux peuvent réussir là où les « politiques » ont échoué ? Peut-on changer les choses durablement et avec l'efficacité voulue du « dehors », c'est-à-dire en dehors de la sphère formelle de gouvernement ? Par opposition à un type de rhétorique démesurément optimiste sur ce sujet, Ike Okonta fait preuve de plus de circonspection. Prenant le cas du Nigéria, depuis le début des années 80 jusqu'à aujourd'hui, il décrit ce que l'on pourrait considérer comme une loi d'airain des organisations faîtières de la « société civile » : elles naissent en réaction à des questions sociopolitiques légitimes puis gagnent en représentativité sur le plan médiatico-populaire mais se font broyer, ou apprivoiser au mieux, par les systèmes politiques en place *in fine*. Pourquoi les mouvements sociaux nigérians se sont-ils « perdus dans les bois » ? Que faudrait-il faire pour qu'ils soient en mesure de porter efficacement les aspirations démocratiques légitimes des peuples ? Telles sont les questions autour desquelles Ike Okonta organise son analyse (Chapitre 5).

Pour Fidelis Allen, l'espoir est permis pourvu que les mouvements sociaux arrivent à fédérer les luttes au-delà de la diversité des combats quotidiens des peuples ici et là et pourvu qu'ils puissent s'inspirer d'expériences de luttes qui commencent à donner des résultats. Son point de vue est que les mouvements sociaux radicaux en faveur de la justice climatique, qui émergent un peu partout, sont une plateforme de résistance qui peut jouer ce rôle fédérateur et en même temps servir de modèle pour les combats menés en vue de changements sociaux d'envergure. Sur la base de matériaux empiriques issus de la revue de la littérature, des entretiens avec les militants à Durban, sur le Delta du Niger et des observations personnelles sur les activités de ces militants, Fidelis Allen soutient que les questions écologiques jouent et continueront de jouer un rôle très important dans l'émergence de mouvements sociaux locaux qui rejettent aussi bien les pratiques politiques condamnables des élites mais également les solutions néolibérales qu'elles préconisent dans des domaines tels que le changement climatique, la pauvreté, la faim, le chômage, l'inégalité, etc. Sa conviction profonde est que les luttes menées dans cette perspective peuvent être à la base de modèles alternatifs de développement dans lesquels les classes opprimées seront au centre des politiques et de l'organisation de la production (Chapitre 6).

Dans le chapitre final, Mor Faye montre, partant de la comparaison entre le Sénégal, le Togo et le Bénin, que les médias privés africains, en stimulant l'éveil des citoyens, ont participé significativement au renversement des régimes de parti unique et à l'évolution vers un pluralisme politique garant du libre jeu démocratique. Malgré des limites objectives tenant aux difficultés économiques et au manque de formation, et qui se manifestent par la corruption et l'affaissement des standards journalistiques, Mor Faye pense que les médias privés africains peuvent être des acteurs décisifs du changement social en Afrique moyennant des politiques mieux ciblées en leur direction.

Comme on l'aura compris, les textes rassemblés ici sont une modeste contribution à la réflexion portant sur des alternatives anticapitalistes au service des peuples. Même si les analyses menées concernent surtout l'Afrique de l'Ouest, elles permettent sans aucun doute de dégager des enseignements généraux pour le continent dans son ensemble. Ce volume aura atteint ses objectifs s'il réussit à convaincre non seulement de l'urgence à réfléchir autrement mais également de la nécessité d'agir autrement en vue de la construction de cette Afrique fière et sublime dont nous rêvons.

Dakar, juin 2013

Ndongo Samba Sylla

## CHAPITRE 1

# SORTIR DE LA DÉMOCRATIE OU DÉCONSTRUIRE LE DISCOURS DÉMOCRATIQUE ? SUR LA NÉCESSITÉ DE PENSER ET DE PRATIQUER LA POLITIQUE AUTREMENT

*Ndongo Samba Sylla*

> « Le chaos se cache aujourd'hui sous un mot : Démocratie » François Guizot (1849 : 9), historien et homme politique français.

Certes, l'Afrique a besoin d'alternatives. Certes, les recettes qui ont été testées depuis cinquante ans ont toutes fait faillite. Le (néo)libéralisme n'est pas la solution. C'est plutôt le problème. Cela est également vrai. Que faire dès lors ? Si l'Afrique a besoin de nouvelles alternatives politiques et économiques, leur identification nécessite sans doute le recours à de nouvelles alternatives sur le plan théorique. Les Africains ont souvent tendance à critiquer les modèles occidentaux. Mais la critique va rarement au-delà de l'aspect idéologique. Elle débouche rarement sur une remise en cause radicale du langage des sciences sociales importées de l'Occident. Le paradoxe est que les intellectuels africains sortent rarement de la quadrature du cercle quelques virulentes que puissent être leurs critiques vis-à-vis de l'Occident. On en rejette l'idéologie. Mais on en conserve le langage et les *systèmes d'évaluation*. Or, sans l'adoption de cadres conceptuels qui reflètent la perspective de l'Afrique, la quête de nouvelles alternatives sera vaine. Il s'agira simplement comme dans la majorité des cas de critiquer en « Africain » mais de réfléchir et de proposer en « Occidental ».

Ma thèse est que la plupart des concepts et des théories actuellement disponibles lorsqu'il s'agit de parler de l'Afrique sont inadaptés et même impropres à une connaissance adéquate, car ils tendent à être construits selon des paramètres spécifiques qui font que leur pertinence est en règle générale limitée lorsque transposés dans d'autres contextes. C'est ce que l'on a appelé « le problème de la spécificité historique » ou la nécessité d'une épistémologie adaptée et sensible aux différentes configurations historiques (Hodgson, 2001). Il y a également le fait que le langage des sciences sociales enseignées dans les universités comporte souvent des biais racialistes subtils qui généralement reflètent la perspective de la force, c'est-à-dire des dominants.

Pour illustrer ce point, il n'y a pas meilleur exemple que la thématique de la démocratie en Afrique. En effet, l'idée prévaut de plus en plus que c'est l'absence voire le « déficit » de démocratie qui freine le développement économique du continent. Nous allons voir que cette interprétation est erronée car ceux qui la soutiennent n'ont pas conscience des limites du langage qu'ils emploient. Mieux, comme je vais le défendre, la « démocratie » est une partie du problème et non la solution. Les problèmes du continent ainsi que les remèdes qu'il faut leur apporter se trouvent ailleurs.

## LE CONSTAT DU « DÉFICIT » DÉMOCRATIQUE EN AFRIQUE

Malgré les espoirs associés à l'ouverture vers le multipartisme à partir du début des années 90, la « démocratie » va mal en Afrique. Le constat est unanimement partagé. Personne ne conteste ce fait. Les éléments pour le prouver sont si nombreux qu'ils peuvent paraître suspects à ceux qui n'aiment généralement pas les « orgies de preuves ». Limitons-nous par exemple au cas de l'Afrique de l'Ouest lors de ces trois dernières années.

En 2010, la Côte d'Ivoire avait semblé donner quelques lueurs d'espoir. Alassane Ouattara et le président sortant Laurent Gbagbo avaient pu conforter leur identité de « démocrates » au cours d'un débat préélectoral relativement serein et qui avait été largement médiatisé. Au finish, il a fallu une intervention militaire des puissances étrangères en vue de départager deux candidats qui se sont autoproclamés président chacun de leur côté.

Au Libéria, l'élection présidentielle de 2011 opposait la présidente sortante Ellen Johnson Sirleaf à Winston Tubman. Ce dernier a finalement boycotté le second tour arguant de l'existence de fraudes lors du scrutin du premier tour. Le résultat est que le taux de participation est passé de 71,6% à 38,6%. Sans surprise, Ellen Johnson Sirleaf s'est fait réélire avec un peu plus de 90% des voix.

Au Mali, dans le contexte de la crise qui sévissait (et qui continue de sévir) au Nord du pays, un coup d'État impromptu a renversé en mars 2012 le régime d'Amadou Toumani Touré, soit à un mois de la date initialement prévue pour le premier tour de l'élection présidentielle. Depuis lors, le Mali peine toujours à rentrer dans la « normalité constitutionnelle », pour reprendre une expression qui a pignon sur rue de nos jours. Bien qu'étant considéré comme un modèle de démocratie en Afrique, il faut préciser que le Mali n'a jamais été capable d'enregistrer un taux de participation aux élections législatives et présidentielles de l'ordre de 40%[1].

En Guinée-Bissau, on a observé à peu près un scénario similaire au même moment. Dans l'entre-deux tours de l'élection présidentielle de 2012, un coup d'État a eu lieu en réaction à un processus électoral jugé non-transparent et pipé. En Guinée, les acteurs politiques attendent depuis plus de dix ans la tenue de nouvelles élections législatives.

En fait, il n'y a que le Sénégal qui semble avoir tiré son épingle du jeu depuis les indépendances. C'est l'un des rares pays africains à n'avoir jamais connu de coup d'État et de gouvernement militaire. En mars 2012, une nouvelle « alternance »[2] politique sanctionnée par le verdict des urnes a mis fin aux ambitions de Wade de rempiler pour un troisième mandat. Ce qui a contribué à renforcer l'image du Sénégal comme modèle de maturité démocratique. Il importe de souligner que l'incertitude sur la tenue de cette élection présidentielle a pesé jusqu'à la veille du scrutin. Le contexte préélectoral était marqué par la recrudescence de la violence et la multiplication des manifestations. Ce qui a d'ailleurs occasionné de nombreux morts et blessés.

Résumons donc. Premièrement, nombre de pays africains ont été jusque-là incapables d'organiser régulièrement des élections « libres et transparentes ». Deuxièmement, les périodes électorales sont souvent des moments de tension et d'incertitude dans la plupart des pays africains. Troisièmement, les élections permettent rarement d'assurer une transition ordonnée et sereine du pouvoir politique. Enfin, les pays réputés être les plus matures sur le plan démocratique demeurent fragiles et sont incapables généralement d'asseoir une véritable participation politique.

---

1 Sur les statistiques électorales, voir par exemple le site web de Africa Elections Database : http://africanelections.tripod.com/.

2 Terme à utiliser avec précaution car il n'est pas évident de dire que « l'alternance » au pouvoir des partis politiques produise toujours les changements profonds attendus par les peuples. Pour ma part, je pense que jusque-là ce mot désigne plus la rotation oligarchique du pouvoir qu'une rupture véritable au niveau des orientations politiques.

Toutes ces réalités sont bien connues. On les retrouve notamment dans les classements internationaux existants en matière de « démocratie », lesquels brossent généralement un portrait peu reluisant du continent. D'après le *Democracy Index*, l'Afrique ne comptait en 2011 que 10 démocraties (neuf réputées « viciées » et une seule décrite comme « aboutie ») sur un échantillon de 44 pays. Selon cet indicateur élaboré par le journal *The Economist*, les pays africains appartiennent dans leur grande majorité aux « régimes autoritaires » et aux « régimes hybrides » (EIU, 2012)[3].

Une chose est de dire que la démocratie va mal en Afrique. Une autre est d'expliquer pourquoi il en est ainsi. Sur ce point, on trouve en gros trois perspectives majeures. Il y a les thèses ethnocentriques et racistes selon lesquelles les Africains, pour différentes raisons liées à leurs mœurs, cultures, croyances, etc. seraient incapables de mettre en place des institutions démocratiques sur le modèle des pays occidentaux. Le problème serait quelque part plus ou moins racial voire culturel. C'est la perspective par exemple des donneurs de leçons confortablement installés en Occident.

---

[3] Ce classement international de la performance constitutionnelle est produit chaque année par le journal *The Economist* (EIU, 2012). Il est établi sur la base des scores obtenus dans cinq domaines : processus électoral et pluralisme, libertés civiles, fonctionnement du gouvernement, participation politique, culture politique. L'Indice est situé sur une échelle allant de 0 (pire performance) à 10 (meilleure performance). Les pays qui ont une note supérieure ou égale à 8 sont classés parmi les « démocraties abouties » (*full democracies*). Ceux qui ont une note entre 6 et 8 sont classés parmi les « démocraties viciées » (*flawed democracies*). Ceux qui ont une note entre 4 et 6 sont classés parmi les « régimes hybrides » (*hybrid regimes*). Enfin, ceux qui ont une note inférieure à 4 sont classés parmi les « régimes autoritaires » (*authoritarian regimes*). Pour l'année 2011, sur un total de 167 pays, il y avait 25 « démocraties abouties », 53 « démocraties viciées », 37 « régimes hybrides », et 52 « régimes autoritaires ».
Il existe bien évidemment d'autres indices de mesure de la performance constitutionnelle qui donnent généralement des résultats similaires pour ce qui concerne les pays occidentaux pris généralement. Nous recourons au *Democracy Index* à titre simplement illustratif. C'est une mesure qui est représentative de la conception dominante de la démocratie chez les élites d'aujourd'hui. C'est pourquoi il est nécessaire de procéder à une critique du système d'évaluation sur lequel elle repose. C'est un aspect important à signaler mais qui ne nous préoccupe pas ici.

Il y a ceux qui attribuent ce « déficit » démocratique à un manque de leadership. Les hommes d'État africains seraient le problème. Ils ne seraient pas suffisamment « démocrates ». C'est ainsi que l'on parle de « démocraties sans démocrates ». C'est la perspective de certains intellectuels africains qui se réclament comme d'authentiques amoureux des idéaux de la démocratie.

Il y a enfin la perspective plus radicale des chercheurs qui situent les causes de ce « déficit » démocratique dans le lourd passif colonial, dans la position périphérique du continent dans le système-monde capitaliste et dans la configuration des rapports de classes.

Bien que mon point de vue s'inscrive plutôt dans cette dernière perspective, il me semble que la plupart des réflexions actuelles sur la question démocratique souffrent d'un problème fondamental. Elles tendent à reposer sur un système conceptuel obscur qui ne permet pas de clarifier les tenants et les aboutissants de ce débat. En réalité, ceux qui emploient le mot « démocratie » sont pour la plupart ignorants de son histoire, des tensions qui ont toujours existé entre le concept de « démocratie » et celui de « représentation » ainsi que des présupposés de la « démocratie libérale ». Quand on conçoit que les pays occidentaux sont des « démocraties » voire qu'ils sont (ou ont été) des modèles de démocratie, on ne peut pas de mon point de vue comprendre les problèmes actuels de ce monde. Ceci n'est ni un jugement de valeur ni une volonté de provoquer des chicaneries conceptuelles. C'est un jugement qui se fonde sur l'Histoire pour faire valoir sa prétention à l'objectivité.

## CE QUE CACHE LA DÉMOCRATIE

« Démocratie » vient du grec, de *Demokratia* plus exactement, mot vieux de plus de 2500 ans (Laniel, 1995 ; Keane, 2009 : 55-56). Au départ, dans le langage de la philosophie politique, la démocratie était une catégorie descriptive qui désigne uniquement un *régime politique,* un type de gouvernement. Si par exemple un étranger se trouvait dans une cité-État grecque, il pouvait souvent demander : « Qui est le souverain ici ? Qui fait les lois ? ». S'il était dans une démocratie, on pouvait lui répondre ceci : « Ici, tous les hommes libres sont égaux et tous participent directement à la formation de la loi dans les assemblées populaires ».

La démocratie est donc un gouvernement où la souveraineté appartient à la majorité des hommes libres qui ont la qualité de citoyen.

On le distingue de la monarchie, type de gouvernement où la souveraineté appartient à un seul et de l'aristocratie, type de gouvernement où la souveraineté appartient à une minorité d'hommes libres. Ceci étant dit, il serait erroné de penser que le nombre est le critère qui permet de définir la démocratie. Selon Aristote, chaque forme de gouvernement est définie en fonction de la classe sociale qui est au pouvoir. Ainsi, on ne peut parler selon lui de démocratie que là où les pauvres sont aux affaires. Comme partout les pauvres sont généralement plus nombreux que les riches, souligne Aristote, c'est utiliser un raccourci que de dire que la démocratie est le gouvernement de la « majorité ». « Ce qui distingue essentiellement la démocratie et l'oligarchie, c'est la pauvreté et la richesse ; et partout où le pouvoir est aux riches, majorité ou minorité, c'est une oligarchie » (*Politique,* Livre III, 8.7). Platon note en ce qui le concerne que la mise en place d'un gouvernement démocratique est généralement précédée de révolutions populaires durant lesquelles les riches sont chassés du pouvoir ou contraints à l'exil (*République*, Livre VIII).

Contrairement à un mythe répandu, la chose désignée par le mot démocratie n'est pas apparue pour la première fois en Grèce. Athènes et les autres cités grecques n'ont pas inventé la « démocratie ». Le système démocratique basé sur les assemblées populaires aurait été pratiqué en Syrie-Mésopotamie deux millénaires avant qu'il ne soit observé à Athènes à partir du sixième siècle av. J.-C. (Keane, 2009)[4]. Le paradoxe est qu'aux yeux d'un contemporain, la démocratie athénienne elle-même ne serait pas perçue comme une « démocratie ». Pourquoi ? Parce qu'elle reposait sur l'esclavage de la majorité et l'exclusion des femmes. Dans les cités antiques, la population des non-citoyens, les esclaves en particulier, était supérieure à celle des citoyens. Or, il est évident pour un homme du XXIe siècle que là où de telles réalités existent, il ne saurait y avoir de démocratie. Et c'est justement là une erreur d'appréciation très fréquente. Ceux qui la commettent confondent le type de gouvernement avec le type de société. Pour reprendre le langage marxiste, ils confondent la base avec la superstructure. Athènes était une « démocratie » en raison de son type de gouvernement (sa superstructure

[4] Si l'on se réfère aux *Histoires* d'Hérodote, il apparaît que les Perses avaient une connaissance du système démocratique avant les réformes de Clisthène, celui que l'on s'accorde parfois à considérer comme le père fondateur de la démocratie athénienne (Canfora, 2004 : 28).

juridique : c'est la majorité d'hommes libres, des pauvres pour la plupart, qui gouvernait) et non en raison de son type de société (la base ou les rapports sociaux de production). Ainsi, Athènes avait un gouvernement démocratique et une société non démocratique, dans le sens de non-égalitaire. C'est pourquoi il est d'une certaine manière anachronique de contester l'étiquette de démocratie à la république antique d'Athènes. Tant qu'on parle du type de gouvernement, Athènes était bel et bien une démocratie. Il faut également rappeler que les catégories politiques au départ avaient vocation à décrire l'expérience vécue des hommes libres.

Dans le monde antique, il n'existe aucun « grand théoricien » qui ait défendu la démocratie. Si les penseurs les plus connus et les plus brillants ont à l'unanimité rejeté la démocratie, les raisons avancées n'avaient rien à voir avec l'existence de l'esclavage.

Pour commencer, on peut dire qu'étant des « aristocrates » pour la plupart, ils ne pouvaient se satisfaire du gouvernement populaire. La démocratie suppose que ce sont les pauvres qui sont aux affaires et que ceux qu'on appelait les « meilleurs » et les « beaux et bons » devaient être égaux avec la plèbe, ceux qu'on appelait les « méchants ». La démocratie, c'était « le gouvernement des méchants ». Or, pour les philosophes, il n'est pas naturel que les « méchants » gouvernent les « bons ». Ils ont décrit la démocratie comme un gouvernement vulgaire, licencieux et despotique. Pour Platon par exemple, la démocratie est le « moins bon des bons gouvernements et le meilleur des mauvais », pour reprendre le résumé donné par Aristote (*Politique*, Livre VI). Platon était l'un des critiques les plus virulents de la démocratie, système politique qui avait condamné son maître Socrate à boire la ciguë.

Au-delà du ressentiment et de la crainte qu'inspirait la démocratie, il y avait des arguments philosophiques plus fondamentaux justifiant sa condamnation. Les philosophes grecs (Platon, Aristote, Polybe) et romains (Cicéron notamment) distinguent deux grands types de gouvernement (ou constitutions) : les formes simples et les constitutions mixtes. Les formes simples sont celles où prévaut un seul principe de gouvernement. C'est le cas par exemple de la monarchie (principe de la conservation de l'autorité), de l'aristocratie (principe du mérite), de l'oligarchie (principe de la richesse) et de la démocratie (principe de liberté). Selon ces philosophes, les formes simples sont instables. Tôt ou tard, elles dégénèrent par l'excès mis dans l'application de leur principe. Comme ce sont des gouvernements où un groupe social exerce une domination sans partage, ils sont incapables d'administrer une justice impartiale et pour cela, ils vont tôt ou tard être renversés lors de révolutions : la monarchie se transforme en tyrannie, l'aristocratie se corrompt en oligarchie, la démocratie se mue en démagogie (parfois en anarchie et parfois en ochlocratie – gouvernement de la foule).

Or, pour les philosophes, un vrai gouvernement, la « République » (*politeia*), doit être un mélange de ces différents principes. Chaque classe sociale doit participer à l'exercice du pouvoir. Un législateur qui veut un gouvernement juste doit donc s'écarter des formes simples et se doter d'une constitution mixte, c'est-à-dire un gouvernement qui repose sur le partage équitable du pouvoir politique entre les différentes classes sociales. D'après Polybe, si Sparte et Rome ont été des gouvernements libres et durables, contrairement à Athènes, c'est parce qu'ils relevaient de la classe des constitutions mixtes. D'après Cicéron qui se base sur Platon et Polybe, le meilleur gouvernement est celui qui se mélange d'éléments monarchiques, aristocratiques et démocratiques.

Cette haine de la démocratie et ce rejet des formes simples, le monde antique va le transmettre au monde moderne. La démocratie était perçue par les philosophes des différentes époques comme un gouvernement tyrannique dans lequel la justice ne peut exister. En fait, le mot « démocratie » restera de l'Antiquité jusqu'au début du XIX$^{e}$ siècle l'un des concepts les plus détestés de toute l'histoire de la pensée politique occidentale. On l'associait plutôt avec l'image du chaos et de la mort. La preuve, dans certains dictionnaires du XIX$^{e}$ siècle, la démocratie était définie comme le « despotisme de la canaille », pour reprendre le mot de Voltaire, et comme la « subdivision de la tyrannie entre plusieurs citoyens » (Rivarol, 1827). D'ailleurs, si beaucoup de choses ont été dites sur les écrivains du siècle des Lumières, rares sont ceux qui ont indiqué à quel point ces auteurs détestaient le gouvernement démocratique. Parce qu'ils ont été des critiques résolus de la « monarchie absolue » et des valeurs qui lui sont associées, l'on croit généralement que ces penseurs étaient des partisans de la démocratie. Voilà une grosse méprise. La philosophie des Lumières est une critique radicale de la démocratie. Kant (1796) disait par exemple que « la démocratie est nécessairement despotisme ». Rousseau, le philosophe qui avait les instincts populaires les plus développés, notait de son côté qu'« il n'y a pas de gouvernement si sujet aux guerres civiles et aux agitations intestines que le démocratique ou populaire » (*Contrat Social*, Livre III, chap. 4).

Montesquieu souligne en ce qui le concerne qu'il n'y a pas de « liberté politique » dans une démocratie (*De l'Esprit des Lois*, Livre XI, chap. 4).

Comme les plus brillants théoriciens politiques de l'Occident ont presque à l'unanimité condamné la démocratie, il n'est pas surprenant que le projet d'un gouvernement démocratique ait été rejeté par les révolutionnaires français et américains à la fin du XVIIIe siècle.

### L'IMPOSTURE DE LA DÉMOCRATIE REPRÉSENTATIVE

À la fin du XVIIIe siècle et au début du XIXe siècle, il y avait chez les élites (conservateurs, radicaux, intellectuels et capitalistes émergents), notamment chez les révolutionnaires, quatre types d'arguments contre la démocratie. Tout d'abord, la démocratie étant un système basé sur la participation politique directe de tous les citoyens, il apparaissait qu'elle était impossible dans un grand État. À leurs yeux, le système des assemblées populaires, caractéristique essentielle de la démocratie, ne peut exister que dans un État qui a une petite population ou une petite superficie. Au XIXe siècle, certains auteurs estimaient que la démocratie ne pouvait être mise en place que dans un pays qui compte tout au plus trente mille habitants ; chiffre qui présupposait que les femmes n'ont pas de droits politiques (Brougham, 1849 : chap. 3). Ceci est bien évidemment une interprétation grossière. Dans la démocratie, comme l'a souligné Aristote, la règle est « gouverner pour ensuite être gouverné à son tour ». Il n'a jamais été question que tout le monde gouverne en même temps.

Le second argument était que la démocratie est un gouvernement de terreur qui ne peut durer longtemps. Les assemblées populaires tendent à secréter des factions qui vont tôt ou tard créer l'instabilité et *in fine* une dissolution du gouvernement. Le troisième argument était que la démocratie est incapable d'arbitrer les conflits entre les différentes classes sociales. Comme c'est un gouvernement qui prend aux riches pour donner aux pauvres, c'est un gouvernement partisan qui tend à bafouer les droits du petit nombre de « bons ». Le dernier argument était que la démocratie est un gouvernement qui prohibe l'accumulation de richesses. Elle met l'accent plus sur l'égalité des conditions sociales que sur la création de richesses. Rousseau souligne par exemple que dans une démocratie digne de ce nom, il ne peut y avoir de luxe. Autrement dit, ceux qui veulent créer une société opulente doivent envisager un autre type de gouvernement.

Tous ces éléments faisaient que les élites étaient opposées à la démocratie. Leur rhétorique consistait souvent à dire que c'était là un système « impraticable », mot fétiche qui revenait régulièrement dans leurs discours toutes les fois qu'il était question de parler de la démocratie. Elles appelaient « gouvernement représentatif » leur système politique préféré.

De nos jours, l'idée de « représentation » est interprétée comme une astuce institutionnelle qui permet de sauvegarder les principes démocratiques dans de grands États. Cette interprétation est erronée. Le principe de représentation a été défendu à l'origine comme une limitation apportée aussi bien à la puissance royale qu'à la « souveraineté du peuple ». Initialement, le gouvernement représentatif était d'ailleurs présenté comme l'antidote à la démocratie. C'était le système qui permettait d'éviter les révolutions et qui protégeait les minorités, les détenteurs de capitaux notamment. On l'appelait « gouvernement des capables », « gouvernement bourgeois », « aristocratie élective », « aristocratie tempérée », « aristodémocratie ». Aux États-Unis et en Angleterre, ceux qui parlaient de « démocratie représentative » prenaient le soin de la distinguer clairement de la « démocratie » qualifiée de « simple » ou de « pure ».

L'expression « démocratie représentative » a été utilisée pour la première fois en 1777 par Alexander Hamilton[5], un des pères fondateurs américains et qui est connu pour son élitisme et sa haine de la démocratie. Cette expression est absente du lexique des philosophes des Lumières parce qu'à bien parler l'idée de « représentation » est étrangère à la démocratie. C'est d'ailleurs le reproche que Kant faisait à la démocratie. Comme elle n'admet pas de représentation, c'est un gouvernement qui conduit selon lui à l'anarchie.

L'expression « démocratie représentative » est donc un oxymore, une juxtaposition de deux termes contraires. C'est comme si l'on parlait d'un chat qui rugit ou d'un éléphant qui vole. John Adams disait de l'expression « démocratie représentative » qu'elle est une « contradiction dans les termes » (Adams, 1851 : 316) et que les Américains devaient se méfier des démocraties qui se présentent comme « libérales » (Adams, 1851 : 313). Comme pour la plupart des élites de l'époque, il considérait

[5] Il a employé cette expression dans sa lettre datée du 19 mai 1777 à Gouverneur Morris. Voir Syrett (2011), Manin et Urbinati (2008).

la « démocratie » comme incompatible avec la liberté. C'est plus tard, sous l'effet des compétitions électorales, que cette expression sera revendiquée et assumée, en vue de tromper la vigilance des peuples.

La méconnaissance de la genèse du concept de « démocratie représentative » explique l'erreur contemporaine consistant à poser la représentation comme une continuation de ce que l'on étiquette faussement comme la « démocratie directe » (expression redondante qui ne fait sens que dans le cadre du système d'évaluation libéral). Le système de gouvernement représentatif repose en réalité sur une philosophie anti-démocratique. Pour illustrer cela, prenons deux différences majeures existant entre la démocratie d'un côté et la démocratie représentative de l'autre.

Première différence : dans une démocratie, les magistrats pour la plupart sont désignés par tirage au sort. Pourquoi ? Parce que dans une démocratie tous les citoyens sont égaux. Ceci implique qu'ils doivent tous participer à tour de rôle à l'exercice du pouvoir politique. Il doit y avoir une rotation du pouvoir politique au sein des citoyens. D'où le recours au tirage au sort : instrument qui permet de donner forme à la philosophie de l'égalité : égalité devant les charges, les fonctions, les honneurs, etc. Par contre, dans une démocratie représentative, l'élection est le mode privilégié de désignation de l'autorité souveraine car il s'agit de choisir les plus « capables ». Il s'agit donc de distinguer l'élite voire la « classe politique » du « peuple ». Alors que le tirage au sort permet la rotation du pouvoir politique au sein de la majorité des citoyens, l'élection permet la rotation du pouvoir politique au sein des élites. L'élection part du principe que le pouvoir politique doit revenir aux élites alors que le tirage au sort repose sur l'idée que tout un chacun devrait pouvoir prendre part à la gestion des affaires publiques (sur ces aspects, voir Manin, 2002). C'est ainsi qu'Aristote disait que l'élection est un outil oligarchique alors que le tirage au sort est une institution démocratique. Spinoza, dans son *Traité Politique*, note pour sa part que l'élection permet de choisir des « patriciens » à la différence du tirage au sort qui est selon lui le mode privilégié d'investiture dans les démocraties. De fait, si l'on se fie au langage de la philosophie politique qui a prévalu de l'Antiquité jusqu'au début du XIX$^{e}$ siècle, la notion d' « élections démocratiques » n'a pas de sens. Seuls les imposteurs ou les non-initiés peuvent l'employer.

Seconde différence : dans une démocratie, c'est l'assemblée des citoyens qui est l'autorité souveraine. Elle a un pouvoir absolu. Elle n'est pas limitée dans son exercice par d'autres sources de pouvoir. Montesquieu a décrit la démocratie comme un système où il n'y a pas de « liberté politique » justement parce qu'une seule autorité y détient le pouvoir absolu. Par contraste, dans une démocratie représentative, il y a une séparation des pouvoirs. Le pouvoir politique est morcelé entre de nombreuses mains, entre plusieurs souverains, de sorte que l'on ne peut dire exactement où il se trouve. L'avantage, c'est que les minorités peuvent être protégées des foudres de la « souveraineté populaire ». L'inconvénient, c'est que la majorité peut être opprimée par la minorité de riches qui, grâce à son influence, peut tenir en laisse aussi bien le peuple que ses représentants.

Aux XVII^e^ et XVIII^e^ siècles, le système de séparation des pouvoirs a été défendu en vue de protéger la propriété commerciale vis-à-vis de la puissance royale. Au XIX^e^ siècle, il servira, comme le souligne Karl Polanyi (1944 : 308), à protéger la propriété industrielle face à la démocratie réclamée par le peuple et à « séparer le peuple du pouvoir sur toute sa propre vie économique ». Aux États-Unis, la Constitution de 1787, qui est un modèle du genre, a été mise en place dans ce dessein : empêcher que le peuple puisse gêner la minorité désireuse d'accumuler des richesses[6]. Pour reprendre le langage d'Alexander Hamilton, il s'agissait de « contrôler l'imprudence de la démocratie » en donnant le

6 De nos jours, ceux qui se présentent comme les amoureux de la démocratie et de la justice sociale sont les premiers à réclamer la séparation des pouvoirs. Ils doivent sans doute ignorer que le libéralisme économique est également une doctrine de la séparation des pouvoirs. Alors que les « démocrates » d'aujourd'hui réclament une séparation au sein de la sphère politique (entre l'exécutif, le législatif et le judiciaire), les partisans du libéralisme économique entendent séparer la sphère économique de la sphère politique. Comme l'écrit Milton Friedman (1962 : 58), le fameux « pape » du néolibéralisme, le système de marché « permet que la puissance économique serve de frein plutôt que de renfort au pouvoir politique ». Opinion qui n'est pas nouvelle. Au début du XIX^e^ siècle, les théoriciens libéraux voyaient déjà dans le crédit un instrument de mise au pas des États par le marché : « le pouvoir menace, la richesse récompense ; on échappe au pouvoir en le trompant ; pour obtenir les faveurs de la richesse, il faut la servir ; celle-ci doit l'emporter », écrivait Benjamin Constant (1819). C'est ainsi, sans surprise, que la théorie de la séparation des pouvoirs a été rejetée par les révolutionnaires socialistes au XIX^e^ siècle.

pouvoir politique aux « riches et aux bien-nés »[7] et de s'assurer que la Constitution fédérale soit le « dépositaire des Droits des Riches »[8]. Madison, celui que l'on considère comme le « père » de la Constitution américaine, reconnaissait que la différence principale entre les républiques anciennes et la république américaine est que le peuple américain est totalement dépourvu de pouvoir politique (*Federalist 63*). Si bien qu'il n'y a pas de Constitution plus anti-démocratique dans son esprit que l'actuelle constitution américaine[9], où le mot « démocratie » ne figure d'ailleurs pas. D'après Charles Beard (1913: 161), la rationalité de ce document est la suivante : « la classe des propriétaires, à travers son poids plus important en termes de pouvoir et d'intelligence, peut s'assurer une législation avantageuse à chaque fois que nécessaire et en même temps elle peut obtenir une immunité vis-à-vis du contrôle des majorités parlementaires ».

Contrairement à la rhétorique dominante de nos jours, la « démocratie représentative » n'a rien d'une démocratie au sens originel du terme. Le gouvernement représentatif est un système destiné à limiter les pouvoirs des peuples, à favoriser le pouvoir de la minorité sur la majorité. On lui a donné le nom de « démocratie » en vue de faire illusion sur sa nature. Au XIXe siècle, le concept de « démocratie représentative » a surtout été défendu par les partisans du libéralisme économique. C'est le cas notamment de Bentham (1817) et de John Stuart Mill (1861). Bentham (1817 : 67-68) revendiquait l'étiquette de « démocrate » radical et disait de la démocratie représentative qu'elle est la « seule démocratie praticable » et la « seule démocratie qui puisse vivre plus d'un jour ». Aux États-Unis, ceux qui se revendiquaient « démocrates » étaient des partisans de l'esclavage. En France, les révolutionnaires socialistes

---

7 Propos tenu par Hamilton en juin 1787 et rapporté par Robert Yates, *Secret Proceedings and Debates of the Convention Assembled at Philadelphia, in the Year 1787, For the Purpose of Forming the Constitution of The United States of America* (Albany, 1821). Voir Syrett (2011).

8 Alexander Hamilton, *Constitutional Convention. Remarks on the Term of Office for Members of the Second Branch of the Legislature*, 26 juin 1787. Voir Syrett (2011).

9 Ceci avait été montré par un révolutionnaire allemand du XIXe siècle (Heinzen, 1871). L'ironie est que cette opinion sera défendue dans les années 1920 par Walter Lippmann, auteur que l'on ne peut soupçonner de radicalisme, et qui note qu'un « démocrate » sincère ne peut cautionner un document tel que la Constitution américaine (Lippmann, 1922 : chap. 18.3).

comme Auguste Blanqui (1852) refusaient l'étiquette de « démocrate » tout comme ils se distanciaient du concept de « démocratie » car c'étaient à leurs yeux les mots qu'affectionnaient les « bourgeois » et les « aristocrates », c'est-à-dire ceux qui proscrivaient l'usage des termes conflictuels comme « prolétaires » et « bourgeois ». Marx et Engels qui utilisaient le mot « démocratie » dans son sens savant originel s'en étaient également distanciés.

Pour résumer, la « démocratie représentative » est un système où prédomine le principe oligarchique. Le capitalisme n'est rien d'autre que le système qui formalise la domination du principe oligarchique via la marchandisation universelle de tout. Et le système représentatif est la forme politique qui consacre « démocratiquement » l'autorité des oligarchies.

### DE LA PERFORMANCE DÉMOCRATIQUE

Pour comprendre les problèmes qui se posent de nos jours et ceux du continent africain en particulier, il est donc nécessaire de se départir radicalement du langage politique contemporain. La rhétorique démocratique ambiante confond la constitution sociale avec la constitution politique, la base avec la superstructure, le type de société avec le type de gouvernement. Lorsqu'on s'intéresse à la constitution politique des pays occidentaux, il est évident que ce sont des systèmes à dominante oligarchique. À parler en toute rigueur, ce ne sont pas des démocraties car ce ne sont pas les pauvres et les gens ordinaires qui y forment la *majorité politique*. Mieux, les fonctions de législation et de gouvernement tendent à être allouées selon le principe de la richesse voire des intrigues particratiques et non en fonction du principe de l'égalité (de la faculté de tout un chacun à pouvoir un jour participer à l'exercice de l'autorité politique). Ceci permet d'ailleurs de comprendre l'observation suivante de John Dunn (2005 : 21) : « Lorsqu'un État moderne, quel qu'il soit, affirme être une démocratie, il ne peut s'agir que d'une description erronée ». Lorsqu'il est soutenu que les pays occidentaux sont des « démocraties », l'étiquette s'applique à la limite à leur forme de société mais en aucun cas à leur type de gouvernement.

Il est cependant évident qu'il n'existe pas de société où règne une égalité parfaite entre ses membres. La plupart du temps, des inégalités substantielles existent entre les hommes et les femmes, entre les riches et les pauvres, entre les majorités et les minorités, entre les nationaux et les étrangers, entre les régions, etc. Ceci pour dire que le seul usage valable du concept de « démocratie » dans les pays occidentaux est celui consistant à dire qu'ils ont une *performance démocratique* supérieure en moyenne à celle des autres.

Qu'est-ce que la performance démocratique ? De mon point de vue, ce concept peut être envisagé comme faisant référence à deux types de performances : la *performance constitutionnelle* et la *performance socioéconomique*. La performance constitutionnelle renvoie à l'efficacité avec laquelle on se conforme à un modèle politique donné. De nos jours, dans le cadre du système d'évaluation dominant, il s'agit en l'occurrence de l'aptitude des différents États à entretenir une bonne « démocratie libérale », système réputé être le moins mauvais de tous. La performance constitutionnelle englobe ainsi l'aptitude à organiser des élections régulières et transparentes, l'aptitude à garantir les libertés privées et publiques et plus généralement l'aptitude à appliquer et à se conformer aux dispositions constitutionnelles en vigueur. Quant à la performance socioéconomique (soit la performance économique évaluée selon la perspective de la majorité), elle peut être envisagée comme faisant référence à l'amélioration du cadre de vie des populations et à la satisfaction de leurs demandes en la matière.

En règle générale, les pays qui se nomment « démocraties » veulent dire par là qu'ils ont, en comparaison avec les autres, une performance constitutionnelle et une performance socioéconomique supérieures. De même, lorsque l'on parle du « déficit » démocratique en Afrique, on veut dire par là que la plupart des pays du continent ont des performances démocratiques faibles. C'est d'ailleurs le message d'un indicateur comme le *Democracy Index*.

En distinguant ainsi le système politique de la performance, les termes du problème changent. La question n'est plus de savoir pourquoi les pays africains ne sont pas des démocraties. Question qui n'a pas grand intérêt puisqu'il n'existe aucune démocratie dans ce monde. Il s'agit plutôt d'expliquer pourquoi la performance démocratique est faible en Afrique. Pour cela, il faut d'abord s'interroger sur les déterminants de la performance démocratique. Que supposent la performance constitutionnelle et la performance socioéconomique ?

Revenons à nouveau sur le *Democracy Index*. Parmi les vingt-cinq « démocraties abouties », seize sont des pays à faible taille démographique[10] définis ici par une population inférieure à 11 millions d'habitants en 2010[11]. À l'exception respectivement de l'Australie, du Canada, des Pays Bas et de l'Allemagne, douze des seize premiers du classement du *Democracy Index* sont des pays à faible taille démographique. La population totale de ce groupe était de l'ordre de 82 millions en 2010 soit une moyenne de 5 millions d'habitants par pays. En Afrique, les champions de la « démocratie », ceux qui ont les meilleures notes, se recrutent sans surprise chez les petits pays : Maurice (1,3 million d'habitants), Cap-Vert (500 mille habitants) et Botswana (deux millions d'habitants) notamment[12]. Comme on peut le constater, une petite taille démographique est un facteur qui joue positivement sur la performance constitutionnelle.

L'explication à cela est simple même si elle est plutôt contre-intuitive : la caractéristique principale des petits pays est qu'ils ont, du fait de leur faible taille démographique, une grande marge de manœuvre et une grande flexibilité en termes d'organisation politique. Ils peuvent s'accommoder avec succès de n'importe quel type de régime politique. Si les régimes monarchiques ou de type dictatorial étaient tenus en estime, ce sont également les petits pays qui seraient les mieux classés. Beaucoup de riches petits pays arabes figurent notamment parmi les mauvais élèves de la « démocratie ». En effet, une population forte accroît la *pression démocratique*. Sur le volet socioéconomique, les demandes sont plus nombreuses et plus difficiles à satisfaire. Sur le volet constitutionnel, l'obtention du consensus est plus difficile à atteindre.

Dans une certaine mesure, l'Afrique est handicapée par son dynamisme démographique lorsqu'il s'agit de créer une bonne performance

[10] Il s'agit notamment de l'Autriche, de la Belgique, du Costa Rica, de la République Tchèque, du Danemark, de la Finlande, de l'Islande, de l'Irlande, du Luxembourg, de Malte, de Maurice, de la Nouvelle Zélande, de la Norvège, de la Suède, de la Suisse et de l'Uruguay.

[11] Les statistiques démographiques et économiques citées ci-dessus sont tirées des Indicateurs de développement de la Banque mondiale : http://databank.worldbank.org/data/home.aspx.

[12] Dans le classement du *Economist Index* 2011, Maurice est le pays africain le mieux classé (24$^{e}$) suivi du Cap-Vert (26$^{e}$), de l'Afrique du Sud (28$^{e}$) et du Botswana (33$^{e}$). Dans le classement du *Ibrahim Index 2011*, un index qui mesure la performance constitutionnelle uniquement pour les pays africains, le tiercé gagnant est le suivant : Maurice, Cap-Vert et Botswana. Voir Fondation Mo Ibrahim (2011).

constitutionnelle. Reprenons le cas des seize petits pays les mieux classés sur le *Democracy Index*. En 1960, on obtenait pour ce groupe une moyenne par pays de 4 millions d'habitants contre une moyenne de 5 millions d'habitants en 2010. Par contraste, le pays africain moyen avait une taille démographique de 5,6 millions en 1960. Or, cinquante ans plus tard, ce chiffre avait quasiment quadruplé pour atteindre 20 millions. Dans un contexte initial de pauvreté assez importante, cette évolution démographique a accru la pression sociale et rendu plus difficile l'obtention d'un consensus politique auprès de peuples caractérisés par une riche diversité culturelle et ethnolinguistique. D'une certaine manière, on peut dire que les pays africains ont pour la plupart dépassé la taille « optimale » d'une bonne « démocratie libérale ».

Les partisans de l'exportation de la « démocratie » tendent à sérieusement sous-estimer l'importance du facteur démographique. Ils croient que la « démocratie » peut être « installée » n'importe où sans tenir compte des spécificités contextuelles. Est-il sérieux de penser qu'un pays comme la Norvège avec ses 5 millions d'habitants peut servir de modèle politique à un pays comme la Chine qui a une population 260 fois plus importante ?

Si la performance démocratique est facilitée par une faible pression démographique, elle est conditionnée également par le niveau de développement économique. Cela est d'autant plus vrai pour les pays à forte taille démographique. Sans surprise, les « démocraties abouties » sont dans leur écrasante majorité des pays développés. En effet, les 25 « démocraties abouties » pèsent 55% du PIB mondial alors qu'elles ne représentent que 12% de la population mondiale. Le PIB par habitant médian, en termes courants, y est de l'ordre de 43 mille dollars. Maurice, Malte, Uruguay et le Costa Rica sont les seuls pays non-membres de l'OCDE qui soient inclus parmi les « démocraties abouties ».

Bien évidemment, ce n'est pas le respect des droits de l'homme et la croyance en l'égalité démocratique qui ont permis aux pays occidentaux de dominer l'économie mondiale. Les inégalités internationales entre l'Occident et le « reste » se sont créées sur un processus long de cinq siècles. L'impérialisme sous toutes ses coutures (la colonisation, l'esclavage, le protectionnisme, etc.) ainsi que la répression au niveau domestique du prolétariat ont été des ingrédients importants du développement économique observé dans le Centre de l'économie mondiale. Dit autrement, c'est parce que les pays occidentaux dominent le monde depuis quelques siècles qu'ils ont la possibilité de garantir un certain degré de performance démocratique à leurs concitoyens. Ce n'est pas l'adhésion aux « valeurs » démocratiques qui leur a permis de produire ce type de performance qui demeure toujours fragile. D'ailleurs, au fur et à mesure que leur domination sera moins forte, la performance démocratique aura elle aussi tendance à décliner.

Comme il faut être extrêmement riche pour devenir une bonne « démocratie libérale », on peut comprendre le « déficit » de performance constitutionnelle de l'Afrique. En 2010, le PIB par habitant médian en Afrique s'établit à 743 dollars en termes courants. Autrement dit, il est 58 fois moins élevé que celui constaté en moyenne pour les « démocraties abouties ». Les systèmes politiques existants en Afrique ne commandent pas l'unanimité car ils sont incapables de délivrer la performance socioéconomique attendue par les populations. De même, vu le faible niveau de développement économique, ils sont également incapables de garantir une performance constitutionnelle durable même s'ils le voulaient. D'où sans surprise les hauts et bas que l'on rencontre souvent dans nombre de pays africains. Organiser des élections dans ce contexte peut être vu comme une allocation inefficiente des ressources économiques se justifiant par la recherche du *moindre mal* : le besoin d'acheter une paix sociale minimale.

### DU LABEL DÉMOCRATIQUE

Au vu de tels éléments, on peut comprendre pourquoi la rhétorique dominante aujourd'hui sur la démocratie exprime la perspective de la force, pourquoi c'est une morale du plus fort. Ce sont en effet les plus forts qui se sont nommés « démocraties », qui s'évaluent positivement, qui donnent des leçons aux autres et qui véhiculent les représentations qui les confortent dans leurs propres préjugés. Cette rhétorique doit être critiquée.

Si l'on regarde bien la constitution politique et sociale du système mondial, il apparaît clairement que nous vivons dans un monde oligarchique. L'essentiel des richesses produites par l'humanité est accaparée par une minorité d'individus qui habitent dans une minorité de pays privilégiés. Le comble est que c'est cette aristocratie guerrière qui se revendique de la « démocratie » et qui reproche aux nations les plus pauvres de la planète de ne pas souscrire aux idéaux d'égalité. Sur ce point, on peut certainement dire que le monde marche sur sa tête.

Le caractère ironique de cette rhétorique se révèle également au fait que les penseurs du XVIII$^{e}$ siècle décrivaient l'Afrique et les Amériques comme des « démocraties », étiquettes qu'ils appliquaient aux peuples réputés « sauvages » et « non-civilisés ». Voltaire écrit par exemple dans l'entrée « démocratie » de son *Dictionnaire philosophique* que ce type de gouvernement n'existe que dans les civilisations « arriérées ». Avec beaucoup de cynisme, il souligne que tout ce qui n'a pas été ravagé par la colonisation était resté une « république » démocratique chez les peuples autochtones des Amériques. Voltaire va même jusqu'à dire qu'il faut s'être « bien raffiné » pour avoir un monarque ! En d'autres termes, les peuples Africains étaient des « sauvages » il y a un peu plus de deux siècles parce qu'ils étaient des « démocraties ». Aujourd'hui, les peuples africains sont dévalués parce qu'ils ne sont pas des « démocraties ». Cherchez l'erreur !

Les intellectuels africains se font généralement de nombreuses illusions sur la « démocratie libérale ». Ils veulent les bénéfices qu'elle semble procurer mais ils ne se demandent jamais si l'Afrique a les moyens de supporter le coût associé à l'adoption de cette technologie oligarchique. L'importation de la « démocratie » est une entreprise vouée à l'échec car on ne peut accéder aux privilèges des Empires sans être un Empire. L'erreur est donc de croire que les pays occidentaux peuvent être des modèles pour l'Afrique car il s'agit en réalité de rapports dialectiques. Le jour où les pays africains seront des « démocraties abouties », les pays occidentaux ne le seront certainement plus. Sous le capitalisme, il n'y a pas de modèle parce que la force sur laquelle chaque modèle repose ne s'importe pas. On la possède ou on la subit.

Les pays que l'on considère comme des modèles de « démocratie » en Afrique sont souvent des coquilles vides. De manière générale, ce ne sont pas les Africains eux-mêmes qui définissent les critères d'appartenance au cénacle démocratique. Ce sont les puissances occidentales et quelques bons élèves locaux qui ont ce privilège. Un pays africain devient une « démocratie » lorsqu'il a reçu son attestation de la part des agences de notation politique installées en Occident. Mais, comme pour tout ce qui concerne l'Afrique en règle générale, ce sont des critères relâchés, *light* et caricaturaux qui sont définis en vue d'évaluer la performance démocratique. Les pays africains étant perçus comme des cas désespérés, on utilise des critères minimalistes. Ce qui conduit généralement à surnoter ceux que l'on estime particulièrement méritants voire ceux qui semblent tirer leur épingle du jeu.

En effet, il suffit d'avoir organisé quelques élections labellisées « libres et transparentes » pour être considéré par les puissances occidentales comme un bon élève de la démocratie. L'étiquette de « démocratie » est donc décernée aux pays africains sur la base de la performance constitutionnelle relative (la performance électorale et le respect plus ou moins des « droits de l'homme »). Ainsi, certains pays africains vont-ils être considérés comme des « démocraties » non parce qu'elles ont des performances constitutionnelles bonnes dans l'absolu mais parce que les autres sont encore plus médiocres. D'où les désillusions qui ne manquent pas de se produire dans les pays qui prennent au sérieux leur identité de « démocratie ».

L'exemple le plus récent de cette illusion démocratique est celui du Mali, une « démocratie » gangrénée par la corruption et qui s'est écroulée comme un château de cartes à la première secousse (Ndiaye, 2012). Il est d'ailleurs ironique de constater que le coup d'État du 22 mars 2012 a été mené dans l'optique de « redresser » la démocratie du président Amadou Toumani Touré accusée d'être une démocratie de façade[13]. Le Sénégal n'est pas en reste puisqu'il est décrit comme l'une des démocraties les plus vibrantes et les plus matures en Afrique. Or, contrairement à la rhétorique dominante, c'est là un pays pour lequel la démocratie n'a pas généré de dividendes économiques. C'est sans doute l'exemple le plus patent que la démocratisation sur le plan constitutionnel n'implique pas forcément le développement économique. Malgré les élections régulières et transparentes, malgré le pluralisme politique, malgré la liberté de la presse, malgré les alternances au pouvoir, le sénégalais moyen d'aujourd'hui est plus pauvre que celui qui vivait dans les années soixante (Sylla, 2012).

Il y a un autre exemple souvent cité : le Botswana. Une démocratie qui a la particularité de faire partie des pays les plus exploités au monde. Durant la période 2000-2008, les profits transférés par les multinationales se situent entre un maximum de 14,7% du PIB et un minimum de 7,8% du PIB. C'est là un niveau d'exploitation économique que l'on ne saurait

[13] La junte responsable du coup d'État s'est appelée « Comité national pour le redressement de la démocratie et la restauration de l'État ».

attendre d'un pays où les citoyens ont réellement le contrôle sur les décisions économiques (Sylla, 2012).

En Afrique comme ailleurs, ce que l'on appelle « démocratie » correspond la plupart du temps à des « oligarchies plus ou moins tempérées » par opposition aux « oligarchies absolues ». Leur caractère oligarchique se reconnaît au fait que personne ne dispute que c'est le petit nombre qui doit toujours gouverner. On cherche simplement à limiter leurs pouvoirs par la mise en place de « constitutions ». C'est leur côté « tempéré ». C'est ainsi que le concept de « démocratisation » n'exprime souvent rien d'autre que les limitations temporaires apportées aux puissances oligarchiques, lesquelles finissent toujours par trouver d'autres moyens d'échapper au contrôle démocratique. D'où évidemment la récurrence de la thématique de « la crise de la représentation ».

Ainsi, est-il urgent de se départir du simplisme qui voudrait que « plus » de démocratie, quoi que l'on entende par là, donne « plus » de développement économique et *in fine* de meilleures conditions de vie pour les populations. En Afrique, comme partout ailleurs, les pays qui ont eu les meilleures performances économiques ont rarement été des modèles de démocratie. Durant la dernière décennie, la Guinée Équatoriale et l'Angola, deux pays pétroliers qui ont profité du boom du pétrole, ont été les pays les plus dynamiques sur le plan économique, avec un taux annuel moyen de croissance du PIB par habitant de 14,5% et de 8,3% respectivement (Sylla, 2010). Et pourtant, ils sont qualifiés de « dictatures ». En Asie, on ne peut pas dire non plus que le géant chinois soit un parangon de démocratie tout comme Singapour et Taïwan. Si la Corée du Sud est devenue une « démocratie » respectable à partir des années 2000, elle a connu son industrialisation et son développement économique sous le règne du général Park Chung-Hee (1962-1979). Ceux qui pensent que les problèmes de développement économique se résolvent simplement par des astuces constitutionnelles voire juridiques sont soit naïfs soit qu'ils veulent endormir les gens. Les réformes en vue d'aboutir à une « démocratie libérale » ne sont une condition ni nécessaire ni suffisante de la performance socioéconomique.

## DÉMOCRATIE ET CAPITALISME : UN MARIAGE IMPOSSIBLE

Au-delà de la nécessité de déconstruire et de démystifier les propos racialistes qui se cachent derrière la rhétorique démocratique dominante, il est également important de souligner qu'elle repose sur l'occultation des relations de pouvoir entre les pays du Centre et les pays de la périphérie dans ce système-monde (Wallerstein, 1983). Elle nous induit à croire que le capitalisme est compatible avec la démocratie. C'est comme si le développement économique capitaliste était une résultante des efforts faits pour se conformer ou imiter le modèle de « démocratie libérale ». Ce qui est faux à l'évidence. Ce qui conditionne la performance démocratique, c'est d'abord le statut qu'ont les États sur la scène internationale. Ce ne sont pas les « réformes institutionnelles » qui suffisent à créer la performance socioéconomique ainsi que les âmes bien pensantes tendent à le véhiculer. Ce n'est pas parce qu'un gouvernement a été rendu plus « démocratique-libéral » au niveau domestique que cela se traduira forcément par un regain de pouvoir politique au niveau international. Toute l'astuce des puissances dominantes consiste cependant à camoufler cette réalité élémentaire.

Le capitalisme étant le système oligarchique par excellence, il est évident que ce système est incompatible avec un gouvernement qui reflète la puissance sociale des gens d'en bas. Comme cela a été souligné plus haut, la « démocratie représentative » a été « inventée » justement parce qu'elle était en phase avec les exigences du système capitaliste. Comme forme de gouvernement, elle donne le pouvoir aux élites à qui elle permet de ne pouvoir être inquiétées par la majorité. À proprement parler, une *société* capitaliste est donc incompatible avec un *gouvernement* démocratique. C'est un point où marxistes et libéraux se rejoignent. En effet, un (néo)libéral sincère soutiendra toujours qu'il faut choisir entre la liberté et l'égalité, entre le capitalisme et la démocratie (Friedman, 1962 : 301-302).

Ensuite, le capitalisme comme système orienté vers l'accumulation illimitée de capital est incompatible avec une performance démocratique généralisée. Dans ce système, pour créer la richesse, il faut également créer la pauvreté. Cela est dans la logique des choses[14]. Le capitalisme implique une accumulation des richesses en vue d'en accumuler toujours davantage ; la démocratie suppose une égalité des conditions sociales. Sur ce point, on pourra sans doute objecter que dans les pays occidentaux, cette hypothèse n'est pas vérifiée, que le capitalisme et la performance démocratique font plutôt bon ménage, comme le montrent d'ailleurs certains indicateurs. Si ce fait est incontestable, l'interprétation qui en est donnée est erronée. En effet, sous le capitalisme, la performance attendue des peuples n'a de chances d'exister que dans les pays qui bénéficient de la « rente impérialiste » et ceux qui ont un « projet souverain », pour utiliser des concepts de Samir Amin (voir Amin, 2012 ; Dembélé, 2011). Au niveau national, les pays qui captent la rente impérialiste peuvent produire de bonnes performances sur le plan des « libertés » et celui du niveau de vie qu'ils peuvent accorder à leurs citoyens. Mais, au niveau global, il est impossible de créer ce type de performance pour tous les citoyens du monde. À la fin du XVIII^e^ siècle, on parlait de « principe de conservation de l'opulence et de la misère » pour désigner cette dialectique. La liberté ici présuppose l'exploitation là-bas. Le développement économique ici implique le sous-développement là-bas. Ce que l'on peut constater actuellement. Le développement économique de la Chine et des pays émergents s'est traduit par une désindustrialisation progressive et par une crise économique prolongée dans les pays qui ont constitué jusque-là le Centre de l'économie mondiale.

## PENSER ET AGIR AUTREMENT

Pour faire sortir l'Afrique de l'impasse, nous avons besoin de penser autrement. Ce qui nous permettra d'agir autrement. Pour commencer, nous devons réaliser que l'Afrique part de plus loin que les autres régions. C'est la partie la plus sous-développée du globe. Les défis y sont donc plus importants qu'ailleurs. Nous devons ensuite nous rendre compte que nous ne disposons pas des options qui ont permis à l'Occident de se développer sur le plan économique. Les principales puissances occidentales ont pu bénéficier des « dividendes » directs et indirects de l'impérialisme pendant des siècles. De même, dans le cas

[14] Selon Marx, « le XVIII^e^ siècle ne comprit pas aussi bien que le XIX^e^ l'identité de ces deux termes : richesse de la nation, pauvreté du peuple ». Voir Karl Marx (1867, Livre I, chap. 27).

européen notamment, elles ont pu réduire leur pression démographique par l'émigration d'une partie de leur force de travail dans les Amériques et dans les colonies. Enfin, depuis ce que l'on pourrait appeler la révolution écologique, il est devenu apparent que le développement capitaliste n'est pas soutenable à long terme. Non seulement il se fait au détriment de l'environnement, mieux, le développement économique des pays du Centre et d'une puissance comme la Chine ne peut se perpétuer que dans la mesure où ils peuvent continuer de s'approprier les ressources des pays périphériques. Tel est le verdict de l'économie écologique.

Tout ceci aboutit à la conclusion que l'Afrique est obligée de trouver sa propre voie. Elle devra se doter de son propre modèle. Pour y arriver, il est nécessaire, comme l'a souligné Samir Amin, de s'inscrire dans un « projet souverain ». Par ce terme, il s'agit, sans perdre de vue la nécessité de la solidarité entre les peuples, de faire en sorte que les Africains puissent régler eux-mêmes leurs problèmes, qu'ils puissent décider eux-mêmes de leurs priorités, qu'ils puissent avoir un contrôle effectif sur leurs différents types de ressources et que leurs sociétés soient organisées en vue de répondre aux exigences de leurs populations plutôt qu'à celles de l'accumulation capitaliste.

Si ce « projet souverain » tarde encore à se manifester dans la plupart des pays africains, la raison est pour l'essentiel d'ordre *politique*. L'organisation des pouvoirs y a été conçue de telle manière qu'elle sert juste les intérêts du petit nombre et des puissances dominantes. C'est pourquoi la rupture à ce niveau exige que nous pensions autrement *la politique*, et que nous sortions notamment du paradigme particratique-électoraliste qui semble avoir épuisé son utilité historique.

Les mots « politique » et « politicien » sont généralement mal perçus en Afrique. Ce qui s'explique aisément. Les clans et les partis politiques qui jouissent du monopole du pouvoir politique arrivent rarement à créer les conditions de la performance démocratique attendue par le grand nombre. Au contraire, les « représentants du peuple », au lieu de chercher à sortir leurs pays de leur état de sujétion géopolitique, tendent généralement à alimenter la démagogie et les inégalités socioéconomiques. Le résultat est que les gens soit se révoltent soit, par impuissance et lassitude, abandonnent « la politique » aux « politiciens » pour chercher des solutions individuelles, soit encore se réfugient vers différentes formes d'intégrismes. Mais, comme la politique est une chose beaucoup trop importante pour être laissée aux seuls « politiciens », le combat à mener consiste à mettre fin à la déconnexion entre la sphère politique (le gouvernement) et la sphère sociale (la société). C'est ce qui permettra de faire que la sphère économique réponde davantage aux besoins de la sphère sociale. En d'autres termes, il s'agit de réduire la distance entre les gouvernants et les gouvernés en essayant de trouver des systèmes qui maximisent la participation populaire et qui octroient aux peuples de réels pouvoirs de décision et de contrôle sur les processus économiques.

Pendant longtemps, on a fait croire aux peuples que le suffrage universel est synonyme de « démocratie » et que c'est un mécanisme de délégation de pouvoir. Il s'agit là d'une imposture car on ne peut déléguer un pouvoir que l'on ne possède pas. Celui qui ne peut lui-même faire des lois n'a aucun pouvoir qu'il peut déléguer (Lewis, 1832 : 140-141). Les consommateurs délèguent-ils le pouvoir de produire des biens et des services aux entreprises ? La réponse est non bien évidemment. Dans le cas de l'outil électoral-particratique, c'est la même chose. Les électeurs peuvent simplement influencer les « parts de marché » (les scores électoraux) des différents prétendants à l'autorité politique. De nos jours, l'élection est plus un moyen de départager les oligarchies qu'un réel moyen d'expression des préférences sociales. Ce que conforte la plupart des statistiques existantes en Afrique sur la participation électorale.

À la base du concept de démocratie, il y a l'idée que tous doivent et peuvent participer aux affaires publiques. C'est ce principe qu'il faut sauver et essayer de formaliser. On dira sans doute que la « démocratie directe » est impossible dans un grand État. À quoi l'on répondra qu'il est hypocrite et trompeur de prétendre qu'une minorité d'individus qui se compte en centaines puisse représenter des millions d'individus. Le régime représentatif n'est pas une fatalité de l'Histoire à laquelle l'humanité ne saurait échapper. Il faudra le dépasser. Tous ne peuvent évidemment gouverner en *même temps*. Mais, tous peuvent être mis en situation, à un moment donné ou à un autre, de *pouvoir* significativement influencer le destin des collectivités auxquelles ils appartiennent.

La séparation entre la « classe politique » et le « peuple » pouvait dans une certaine mesure se justifier dans des circonstances où il y avait de grandes inégalités dans le domaine de l'éducation. Cette coupure, cette confiscation du pouvoir par les élites, cette exclusion des masses, ne peut plus être défendue. De nos jours, les « représentants » ne sont pas nécessairement plus compétents que ceux qu'ils sont censés représenter. D'ailleurs, on pourrait même s'interroger sur la compétence spéciale qui ferait que certains sont des « représentants » du peuple et d'autres pas. À bien y regarder, cette compétence spéciale n'existe pas. Ce qui leur confère ce pouvoir, c'est l'opinion : l'opinion que la « démocratie libérale » est le moins mauvais des systèmes politiques et que sans ces « représentants », il ne pourrait y avoir que du despotisme. Cette opinion doit être remise en cause.

Ce qu'il faut, c'est repenser les modes de désignation de l'autorité politique. Un premier pas consisterait à casser le monopole des partis politiques sur la *chose commune* en favorisant des mécanismes de délégation politique qui reflètent davantage la diversité sociologique des États et qui reposent sur des modes de sélection plus démocratiques que le système électoral-censitaire-particratique. Bref, il s'agit de réfléchir à mettre en place des formes politiques qui permettent (i) de regrouper les communautés de base et de les impliquer activement dans les questions locales notamment, (ii) de raccourcir la distance qui, à tous les niveaux de la sphère politique, sépare les organes centraux de décision de la base, (iii) d'organiser à tous les niveaux de la sphère politique une rotation du pouvoir politique qui inclut les citoyens ordinaires pour faire en sorte que le pouvoir politique ne soit plus le monopole d'une classe voire d'une élite, (iv) et de pouvoir rapidement démettre sans beaucoup de frais et de procédures ceux qui, à un moment donné, ont reçu mandat d'agir au nom de la collectivité.

Le partage solidaire du pouvoir politique ainsi que la mutualisation des énergies, des efforts, des compétences, etc., tel est le chemin à suivre. Les socialistes du XIX$^{e}$ siècle avaient bien compris que le changement souhaité par les peuples ne pouvait venir que de la société elle-même. L'Afrique a besoin d'une refondation sociale d'envergure, pas d'amendements constitutionnels à un système réputé être le moins mauvais des mauvais systèmes, l'argument majeur qui ait jamais été offert en faveur de la « démocratie libérale ».

Les mouvements sociaux peuvent jouer un rôle important dans ce combat pour la transformation sociale pourvu qu'ils soient orientés davantage sur la revendication radicale du droit de *tout un chacun* à gouverner que sur l'optique de « tempérer » les excès des systèmes actuellement existants. Ils doivent pouvoir aspirer à jouer un rôle de premier plan en matière de législation et de contrôle des politiques publiques. C'est là notre seule voie de salut.

## RÉFÉRENCES


Adams, C. F. (1851) eds. *The Works of John Adams, Second President of the United States*, volume 4, Boston: Charles C. Little and James Brown.

Amin, S. (2012) *L'implosion du capitalisme contemporain : automne du capitalisme, printemps des peuples ?*, Éditions Delga.

Aristote, *Politique*, traduite en français par J. Barthélémy de Saint-Hilaire, Paris, Dumont, 1868.

Beard, C.A. [1944] *The Republic: conversations on fundamentals*, New Brunswick and New Jersey: Transaction Publishers, 2008.

--- [1913] *An Economic Interpretation of the Constitution of the United States*, The Free Press, 1986.

Bentham, J. [1817] *Catéchisme de la réforme électorale*, traduit de l'anglais, Paris, Pagnerre éditeur, 1839.

Blanqui, A. (1852) « Lettre à Maillard Belle-Île », 6 juin 1852, cité in *Auguste Blanqui. Maintenant, il faut des armes*, textes choisis et présentés par Dominique Le Nuz, La Fabrique, 2007.

Brougham, H. L. (1849) *Political Philosophy. Part III: Of democracy mixed monarchy*, second edition, H G Bohn York Street Covent Garden.

Canfora, L. [2004] *La Démocratie : Histoire d'une idéologie*, traduit de l'italien, Seuil, 2006.

Constant, B. (1819) *De la liberté des anciens comparée à celle des modernes*, in Charles Louandre, eds. *Œuvres politiques de Benjamin Constant*, Paris, Charpentier et Cie Libraires-éditeurs, 1874.

Dembélé, D. M. (2011) *Samir Amin. Intellectuel organique au service de l'émancipation du Sud*, Dakar, CODESRIA.

Dunn, J. [2005] *Libérer le Peuple. Histoire de la démocratie*, éditions Marcus Haller, 2010.

EIU-Economist Intelligence Unit (2012) *Democracy Index 2011: Democracy under Stress*, www.eiu.com

Fondation Mo Ibrahim (2011) *Index Mo Ibrahim de la Gouvernance en Afrique*, Fondation Mo Ibrahim, http://www.moibrahimfoundation.org

Guizot, F. (1849) *De la démocratie en France*, Paris, Victor Masson Libraire.

Friedman, M. [1962] *Capitalisme et Liberté*, LEDUC. S. Éditions, traduction de l'anglais, 2010.

Heinzen, K. (1871) *What is real democracy? Answered by an exposition of the Constitution of the United States*, Indianapolis, Indiana, H. Lieber.

Hodgson, G. M. (2001) *How Economics forgot history. The problem of historical specificity in social science*, London and New York, Routledge.

Kant, E. (1796) *Projet de Paix Perpétuelle*, traduit de l'allemand chez Frédéric Nicolovius, Königsberg.

Keane, J. (2009) *The Life and Death of Democracy*, New York and London, W.W. Norton & Company.

Laniel, B. (1995) *Le mot « democracy » aux États-Unis et son histoire de 1780 à 1856*, Publications de l'Université de Saint-Etienne.

Lewis, G. C. (1832) *Remarks on the use and abuse of some political terms*, B. Fellowes, Ludgate Street.

Lippmann, W. [1922] *Public Opinion, Part. 6, « The image of democracy »*, Columbia, University of Missouri Press Chap. 18.3, Free Press, 1997.

Manin, B. (2002) *The Principles of Representative Government*, Cambridge University Press.

Manin, B. et Urbinati, N. (2008), in Landermore H. eds, « La démocratie représentative est-elle réellement démocratique ? », La vie des idées, 7 mars. www.laviedesidees.fr. Cambridge, Cambridge University Press.

Marx, K. (1867) *Le Capital. Critique de l'économie politique*, www.marxists.org

Mill, J. S. [1861] *Le Gouvernement représentatif*, traduit et précédé d'une introduction par M. Dupont-White Charles, troisième édition, Paris, Guillaumin et Cie éditeurs, 1877.

Montesquieu, C.-L. (1748) *De l'Esprit des Lois.*

Ndiaye, I. (2012) « Les perroquets de la démocratie », juin, publié sur http://info-matin.info/index.php/actualite11/2533-les-perroquets-de-la-democratie [visité en mars 2013].

Platon, *La République*, traduction de A. Bastien, Paris, Garnier Frères Libraires-éditeurs, 1879.

Polanyi, K. [1944] *La Grande Transformation. Aux origines politiques et économiques de notre temps*, Gallimard, 1983.

Rivarol, A. (1827) eds. *Dictionnaire classique de la langue française*, Paris, Brunot-Labbe libraire de l'université royale, Baudoin et Frères Libraires.

Rousseau, J.-J. (1762) *Du Contrat Social ou Principes du Droit Politique.*

Spinoza, B. *Traité Politique*, in *Œuvres de Spinoza*, tome 2, traduites par Émile Sasset, Paris, Charpentier Libraire-Éditeur, 1861.

Sylla, N. S. (2012) « De la démocratie en Afrique : retour sur l'exception sénégalaise », *Pambazuka*, n° 237, 23 avril 2012 : http://www.pambazuka.org/fr/category/features/81600

--- (2010) « La croissance économique en Afrique (1960-2009) : particularités, dynamiques et déterminants », manuscrit non publié.

Syrett, H. C. (2011) eds. *The Papers of Alexander Hamilton Digital Edition*, Charlottesville: University of Virginia Press, Rotunda.

Voltaire (François-Marie Arouet), *Dictionnaire philosophique*, in *Œuvres complètes* de Voltaire tome 3, Paris, Armand-Aubrée éditeur, 1830.

Wallerstein, I. (1983) *Le capitalisme historique*, traduit de l'anglais, La Découverte, 2002.

## Chapitre 2

## Le défi de la construction étatique : éléments de réflexion basés sur la crise sécuritaire dans l'espace sahélo-saharien

*Mamane Sani Adamou*

L'expérience de plus d'un demi-siècle d'indépendance ponctuée par trente ans d'interventions des Institutions financières internationales s'est révélée désastreuse pour le continent africain. Or, ce dont l'Afrique a besoin, c'est d'une véritable rupture avec les politiques mises en œuvre jusque-là ; rupture qui passe par de véritables constructions politiques qui tranchent radicalement avec l'héritage colonial. Il est remarquable que les États postcoloniaux demeurent incapables de parachever leur autorité sur leur propre territoire. Dans le cas de la bande sahélo-saharienne, l'exemple étudié ici, cette incapacité des États à exercer leur principale fonction régalienne constitue une des causes fondamentales qui alimentent les risques de déstabilisation et de conflits armés dans cette région. Par ailleurs, cet espace particulièrement sous-administré et mal géré souffre d'une mauvaise gouvernance chronique qui hypothèque dangereusement son avenir et le transforme en espace de confrontation géopolitique permanent en lien avec le contrôle des ressources naturelles. Il apparaît donc que cette nécessaire construction politique est handicapée par la « crise sécuritaire ».

La bande sahélo-saharienne développe une conflictualité endémique sur laquelle les différents acteurs ont peu de prise. Les facteurs déstabilisateurs et crisogènes y sont nombreux et se combinent selon des logiques et des schémas extrêmement complexes (Taje, 2010). C'est à la lumière de la crise du système capitaliste qu'il faut appréhender les stratégies planétaires des puissances impérialistes et leurs interventions dans les pays de la périphérie, ceux de l'espace sahélo-saharien en particulier. L'expropriation économique, la recolonisation politique et l'interventionnisme militaire en constituent les principaux piliers.

L'analyse de ces nouveaux rapports de forces internationaux, notamment des jeux (redéploiements stratégiques auxquels se livrent tant les acteurs externes qu'internes) – en lien avec les enjeux pétroliers, miniers et sécuritaires – permet de mettre en lumière les défis à relever pour un changement au bénéfice des majorités populaires et de dégager les termes de l'alternative. L'espace sahélo-saharien étant « difficile à définir autrement que par ses marges », il nous est apparu nécessaire de privilégier dans cette analyse les pays dits du « champ » (Mali, Mauritanie, Niger, Algérie) avec un accent particulier sur le Niger du fait, entre autres, d'une plus grande disponibilité des données.

## UNE NOUVELLE CONFIGURATION MONDIALE

Depuis l'effondrement de l'URSS et des « démocraties populaires », la nouvelle donne stratégique mondiale semble caractérisée par une relative stabilité internationale dans un monde de violences et de conflits internes (Abdou, 2008). Le nombre de guerres interétatiques a-t-il augmenté? Cela peut être discuté. En tout état de cause, le fait est qu'il y a de plus en plus de guerres civiles et de violences terroristes affectant particulièrement les populations civiles.

Le bipolarisme Est-Ouest et la sécurité permanente par dissuasion réciproque de la guerre froide semblent avoir cédé la place à une configuration Nord-Sud des conflits avec l'émergence de nouveaux acteurs (bandes armées, réseaux de trafics, associations et multinationales) qui se juxtaposent à l'État et sont souvent hors de son contrôle. Il s'agit véritablement du déclin d'un modèle d'accumulation et de régulation dont le trait marquant a été la coïncidence de 1945 à 1970 entre l'espace de « valorisation du capital » et celui de la gestion politique des conflits (État-nation). Avec la mondialisation de l'accumulation, en l'absence d'un espace mondial de gestion politique des conflits, on débouche sur un effondrement des équilibres construits à l'Est, à l'Ouest et au Sud, sur une configuration mondiale très instable dans laquelle les centres capitalistes exercent un contrôle monopolistique dans cinq domaines essentiels : la technologie, les ressources financières, les armes de destruction massive, la communication et les médias et l'accès aux ressources naturelles (Amin, 2012 ; Dembélé, 2011). Ceci revêt une importance singulière au regard de la gravité de la crise économique qui secoue les puissances impérialistes depuis 2008 et de la quasi-faillite des plans de sauvetage mis en œuvre - la Grèce en étant l'exemple emblématique. La pression exercée sur les États du Sud prend alors un relief singulier d'autant qu'elle s'inscrit dans l'optique d'une recherche de sortie de crise au bénéfice des forces dominantes.

Dans leur quête effrénée de matières premières stratégiques, les États-Unis, la France, l'Union européenne et la Chine ont transformé le continent en un vaste champ de manœuvres où se déploient au quotidien leurs conflits d'intérêts. Il n'est point besoin de rappeler que de par son importance dans la sécurité économique et militaire, le pétrole est un vecteur d'enjeux à la fois économique, financier et géostratégique (Tchokonte, 2008). De plus, au-delà de l'exploitation des ressources, le contrôle de leur circulation est un autre motif de rivalité entre ces grandes puissances. Une « géopolitique des tubes » se dessine ainsi dans le but de sécuriser les couloirs d'approvisionnement en matière stratégique : alors que les États-Unis envisagent l'acheminement du pétrole tchadien par le golfe de Guinée, la Chine est plutôt favorable au rattachement des champs pétrolifères tchadiens à ses oléoducs installés au Soudan. Quant à l'Union européenne, elle manifeste un vif intérêt au projet *Trans-Saharan Gas Pipeline* (TSGP), un gazoduc devant relier le Nigéria à l'Algérie via le Niger, pour alimenter l'Europe en gaz. Enfin, le gazoduc *Greenstream* destiné à l'approvisionnement gazier de l'Italie pourrait constituer une autre voie d'acheminement de gaz alternative au TSGP (Chegrouche, 2010). Dans cette perspective, le *Greenstream* prendrait sa source au Tchad et au Darfour en raison notamment de l'importance de leurs réserves en gaz.

Nous sommes bien en face d'une reconfiguration de la planète pour les besoins du grand Capital et des États du Nord, qui n'est pas sans rappeler la fameuse Conférence de Berlin de 1885 qui consacra le partage de l'Afrique entre les puissances européennes. Aujourd'hui, plus qu'hier, les États du Sud se trouvent obligés de se remettre en question s'ils veulent se donner quelque chance de survie. L'analyse de ce jeu d'acteurs centrée sur le Niger nous permettra de mieux illustrer l'importance du phénomène, les risques qu'il comporte sur la stabilité des États ainsi que sur le cadre démocratique.

## ANALYSE DES STRATÉGIES DES ACTEURS

À l'évidence, les stratégies déployées varient selon les acteurs. Deux familles d'acteurs seront considérées : les acteurs externes et les acteurs locaux.

***Les États-Unis d'Amérique***

La stratégie planétaire des États-Unis peut être traduite par deux concepts : *Endiguement* de la puissance soviétique (doctrine Truman) comme stratégie dominante de la guerre froide ; et depuis l'effondrement du mur de Berlin, recherche active d'une *Hégémonie* planétaire (élargissement de la doctrine Monroe) en s'opposant à la fois à la reconstitution de l'URSS et à l'émergence d'une éventuelle puissance économique et militaire susceptible de remettre en cause sa domination. Les États-Unis considèrent la Chine, au cours de ce siècle, comme leur plus grand rival mondial dans plusieurs domaines, particulièrement du point de vue de l'accès aux ressources naturelles comme le pétrole et le gaz. Leur stratégie en matière de politique étrangère en Afrique de l'Ouest semble dictée principalement par le lobby pétrolier (exigence de sécurité énergétique), la guerre contre le terrorisme (depuis le 11 septembre 2001) et la concurrence avec la Chine (Claire Woodside citée par Obeng, 2010). En 2007, le conseiller du Département d'État, J. Peter Pham, définissait ainsi l'objectif stratégique d'AFRICOM : « Protéger l'accès aux hydrocarbures et autres ressources stratégiques que l'Afrique possède en abondance, ce qui signifie d'une part protéger ces richesses naturelles fragiles et d'autre part s'assurer qu'aucune autre nation telle que la Chine, l'Inde, le Japon ou la Russie n'obtienne de monopole ou de traitement de faveur » (Bowie, 2012).

Pour les Américains, la bande sahélo-saharienne serait devenue une zone de non-droit, un nouvel Afghanistan dans lequel Al-Qaïda voguerait en toute impunité du fait de la faiblesse des forces de sécurité des États de la zone. Cela justifierait leur présence, la seule susceptible de fournir la logistique adéquate pour réduire cette menace. Il s'agit à l'évidence d'un « Couple infernal, car là où se trouve Al-Qaïda, on voit apparaître l'armée américaine, et à l'inverse, quand celle-ci débarque quelque part, on voit immédiatement Al-Qaïda se manifester. Et comme à chaque fois, pour peu que l'on fouille un petit peu, on retrouve derrière ces « affrontements » [...] les énormes intérêts des compagnies américaines » (Malti, 2008).

L'évaluation de la politique étrangère des États-Unis révèle bien « une stratégie de politique étrangère qui se focalise tout d'abord sur la militarisation de l'Afrique » (Claire Woodside citée par Obeng, 2010). À cet effet, depuis 2002 est lancée l'initiative « Pan-Sahel », programme visant à équiper au moins une compagnie de 150 hommes dans chacun des États partenaires (Mali, Niger, Tchad, Mauritanie). À partir de 2005, les États-Unis mettent en place le « partenariat trans-Sahara pour l'anti-terrorisme » ou TSCTP (*Trans-Sahara Counter Terrorism Partnership*) qui a pris le relais de l'initiative « Pan Sahel » et qui inclut, outre les quatre pays susmentionnés, le Maroc, l'Algérie, la Tunisie, le Burkina Faso et le Sénégal. L'objectif est d'empêcher les groupes terroristes de recruter et de former des combattants et d'avoir des sanctuaires dans la région (Plagnol et Loncle, 2012). Mais l'aspect le plus important de l'engagement militaire des États-Unis est la « tenue régulière d'exercices de grande ampleur et réunissant les forces armées américaines, africaines (partenaires du TSCTP notamment) et de certains pays de l'OTAN » appelées « Flintlocks » (Tisseron, 2011). On comprend alors l'intérêt de Washington pour le Niger alors même que ses compagnies pétrolières ne sont pas impliquées dans l'exploitation pétrolière et qu'il n'a pas manifesté directement d'intérêt dans l'extraction de l'uranium.

***La République populaire de Chine***

Depuis 1995 le gouvernement chinois mène une politique énergétique internationale globale visant à minimiser sa dépendance vis-à-vis du pétrole du Moyen-Orient. Bousculant l'agenda du développement et redéfinissant les équilibres géostratégiques, la Chine s'impose comme l'un des principaux partenaires commerciaux, fournisseurs d'aides et investisseurs du continent, au sud du Sahara en particulier (Alternative Sud, 2011). Le continent africain présente des opportunités certaines pour au moins trois aspects de sa politique extérieure (Tchokonte, 2008) : (i) l'entretien d'un réservoir de voix aux Nations unies, (ii) l'approvisionnement en ressources naturelles et la création de nouveaux débouchés à son économie, (iii) l'isolement de Taïwan.

Une des stratégies de pénétration de la Chine, très subtile, consiste à proposer à ses partenaires la construction de raffineries pour la production locale. C'est ainsi que tous les permis du canadien ENCANA au Tchad et le permis d'Agadem de la compagnie américaine EXXON au Niger ont été repris par la CNPC (*China National Petroleum Corporation*) grâce à des promesses de construction respectivement d'une raffinerie de 30 000 barils/jour au Tchad et de 20 000 barils/jour au Niger.

Les approches utilisées varient selon le contexte et le pays, allant de la réalisation d'importants investissements en infrastructures à la fourniture de matériels militaires en passant par le soutien diplomatique et l'appui financier. Concernant l'arc sahélo-saharien en particulier, la Chine envisage le rattachement de ses productions pétrolières au gazoduc du Soudan. Toutes ces opportunités ont été saisies par l'État du Niger qui, à partir de 2007, s'est engagé dans un bras de fer avec la France (en brisant le quasi-monopole d'AREVA dans l'exploitation de l'uranium) et les États-Unis (en décidant de fournir de l'uranium à Téhéran).

***La France***

La française d'origine africaine Niagalé Bagayoko-Pénone donne un éclairage très intéressant sur les stratégies différentes déployées par la France et les États-Unis en Afrique de l'Ouest dans un ouvrage très instructif financé par le ministère français de la Défense. On y apprend que « la posture politico-diplomatique de la France en Afrique de l'Ouest s'est articulée autour de trois axes majeurs : (i) la conservation de liens privilégiés avec les pays francophones de la sous-région ; (ii) la lutte en sous-main contre l'influence du Nigéria dans la zone ; (iii) le contrôle des mécanismes multilatéraux à la fois économiques et sécuritaires mis en place à la fin des années 1970 » (Bagayoko-Penone, 2004). La coopération avec les États sahéliens, sur le plan sécuritaire, relève d'une direction du ministère des Affaires étrangères, la DCSD (Direction de la coopération de sécurité et de défense). Elle est chargée de mettre en œuvre une coopération structurelle dans le domaine de la sécurité intérieure et civile et de la défense. Le dispositif mis en place consiste en des écoles nationales à vocation régionale (ENVR) et d'un Fonds de solidarité prioritaire (FSP) destiné à financer des projets de renforcement des capacités des cadres des services de sécurité et de justice. Si cette stratégie de perpétuation du pacte colonial a globalement été efficace, elle s'est trouvée cependant contrariée à plusieurs reprises.

Au Mali, dès 1961, le président Modibo Keïta dénonce les accords de coopération militaire signés le 22 juillet 1960 à Paris et demande l'évacuation des bases militaires françaises de Bamako, Gao, Kidal et Tessalit. Au Niger, en 1974, le régime du Président Diori engage un bras de fer avec la COGEMA (ancêtre du géant nucléaire AREVA) visant la revalorisation du prix de l'uranium, et dont l'issue a été le coup d'État du 15 avril 1974. Par la suite, le Niger sera confronté à deux rébellions armées touarègues dans le Nord du pays précisément à deux moments cruciaux de son histoire : la première survient pendant la tenue de la Conférence nationale dont la rhétorique contre l'impérialisme français n'était pas du goût de Paris ; une seconde fois, lorsque le président de la cinquième République Mamadou Tandja entreprend une politique de diversification de ses partenaires miniers en 2007.

La position de quasi-monopole du groupe AREVA s'est trouvée menacée par l'octroi de nombreux titres miniers à des pays comme la Chine. Le froid des relations entre Paris et Niamey est repérable à travers le report successif de la signature de la convention portant attribution du méga-gisement d'Imouraren (un milliard d'euros d'investissement et 5000 tonnes d'uranium/an) à AREVA. Le groupe français a besoin de garantir aux acheteurs de ses centrales nucléaires du combustible à long terme. Mesurant l'enjeu, Mamadou Tandja revendique 40% du capital de la société (contre 33% proposés par AREVA) et près de 15% du *yellow cake* et un engagement du groupe pour la construction d'une voie ferrée facilitant l'évacuation du précieux métal par le port de Cotonou au Bénin (*Lettre du Continent*, 2008). Le coup d'État du 18 février 2010 a été l'occasion pour la France de revenir sur ses engagements : point de chemin de fer, l'ouverture de la mine d'Imouraren prévue pour 2012 est renvoyée aux calendes grecques, cession des parts d'AREVA dans l'exploitation de la mine à d'autres États sans consultation du Niger, etc.

Les sociétés chinoises, en revanche, ne semblent guère avoir eu de soucis avec le régime de Tandja même si elles se sont vu ravir Imouraren. En effet, une convention minière est signée le 14 juillet 2006 pour l'exploitation du gisement d'Azelik et la société d'exploitation SOMINA SA sera créée le 5 juin 2007 et le permis d'exploitation octroyé le 8 novembre 2008. La part du Niger (SOPAMIN) est de 33% alors que deux sociétés chinoises totalisent 62% du capital. Les investissements prévus, dont la construction d'une centrale thermique, s'élèvent à 154,5 milliards de FCFA et les emplois créés sont estimés à 425[1]. La part du Niger sera libérée grâce à un prêt commercial d'Eximbank.

On peut, à ce niveau, être surpris que l'État nigérien se soit contenté de reconduire avec la Chine les mêmes conditions de signature de conventions sans véritablement tirer profit de la concurrence. Mais, depuis la signature récente de contrats entre la Chine et la France d'une valeur de 3,5 milliards de dollars pour la livraison de combustibles nucléaires (20 000 tonnes sur dix ans) et la cession sans consultation du

[1] Si l'on en croit les fiches techniques élaborées par la Direction des hydrocarbures du ministère des Mines et de l'Énergie du Niger.

Niger de 10% de ses actions dans Imouraren (2,5 milliards d'euros) à Pékin, on enregistre une nouvelle phase dans le jeu des grandes puissances (Granvaud, 2012). Ainsi, lors de la visite d'État en France du président chinois Hu Jin tao, Paris et Pékin conviennent « de développer (leur partenariat nucléaire) sur tout le spectre en amont, c'est-à-dire la mine, et en aval, le retraitement ». De son côté, le groupe nucléaire français se déclare « prêt à ouvrir à un partenaire chinois une des mines dont il est actionnaire majoritaire » au Niger (Imouraren). À propos du retraitement des déchets nucléaires, Français et Chinois décident d'étudier « les conditions dans lesquelles (ils pourraient aller) jusqu'au contrat de construction en Chine d'une usine de retraitement et de fabrication de mox » (*AFP/Jeune Afrique*, 2010).

***L'Union européenne (UE)***

L'Europe et l'Afrique entretiennent des relations à travers trois canaux : les relations bilatérales que certains États-membres de l'Union européenne cultivent avec leurs anciennes colonies ; les accords de coopération au développement ou de coopération commerciale entre l'UE et les États africains et, enfin, plus récemment se sont développés les APE (Accords de partenariat économique), des liens entre l'Union et les organisations régionales et sous-régionales africaines. Examiner la politique européenne en Afrique revient à distinguer entre ces différents niveaux qui se télescopent ou se renforcent sur le terrain (Nkundabagenzi, 2005). La gestion directe des affaires africaines à un niveau supranational européen est devenue possible avec l'adoption du Traité de Maastricht (entré en vigueur en 1993) qui a ouvert la voie à l'émergence d'une politique étrangère et de sécurité commune (PESC) et d'une politique étrangère de sécurité et de défense (PESD) qui offrent notamment à l'Europe une autonomie d'action dans la gestion militaire des crises. Elle donne à l'Union européenne la possibilité d'utiliser des moyens militaires ou civils destinés à la prévention des conflits et à la gestion des crises sur le continent africain. La stratégie définie à cet effet, plus connue sous le nom de « Stratégie Sahel », vise à aider les pays de la région à travers quatre axes stratégiques : le développement, la bonne gouvernance et le règlement des conflits internes ; la politique et la diplomatie ; la sécurité et l'État de droit ; la prévention et la lutte contre l'extrémisme violent et la radicalisation (Plagnol et Loncle, 2008). En dépit du souci maintes fois affirmé de réformer la coopération avec le continent, de la « nouvelle » architecture mise en place à cet effet, force est de reconnaître que l'UE continue de reproduire les formes de dépendance et la division internationale du travail héritées de la période coloniale.

En face des acteurs extérieurs (les États et leurs transnationales), les acteurs locaux semblent à première vue démunis. La réalité est cependant très complexe.

***Les États africains***

Pour l'essentiel, ils ne disposent pas de stratégie planétaire. Fragilisés par plusieurs décennies de mise en œuvre de politiques d'austérité, ils sont pour la plupart contraints à suivre la logique des puissances extérieures, celle de la France notamment, qu'ils cherchent par ailleurs à utiliser pour renforcer leur pouvoir. Leurs classes dirigeantes rentières sont dépourvues de projet national et/ou régional, à l'exception notoire de l'Algérie et de la Libye sous Kadhafi. Réalisant leur accumulation à partir des rentes minière ou pétrolière, de l'aide au développement et des trafics, leur gestion de l'État est nécessairement corrompue, clientéliste et souvent ethniciste. Cette mauvaise gouvernance a pour effet d'exacerber les inégalités, de déliter le tissu social, de renforcer la dépendance et de réduire le jeu démocratique à sa plus simple expression de caricature électorale.

Il faut cependant dissocier, sur ce registre, des États comme l'Algérie et la Libye (avant sa destruction par les forces de l'OTAN) dont les réalisations socioéconomiques sont impressionnantes[2], des pays comme la Mauritanie, le Mali, le Niger ou le Tchad qui cumulent tous les mauvais indicateurs en matière de développement humain. Acteurs les plus pertinents du groupe, l'Algérie et la Libye, de taille économique comparable, sont des grands producteurs de pétrole. L'Algérie semble se positionner comme « pays de transit » dans le projet de gazoduc transsaharien TSGP. C'est aussi un « facilitateur » ou « médiateur » dans les conflits opposant les États du Mali et du Niger aux communautés touarègues. Ce pays a entrepris des manœuvres conjointes avec l'armée malienne, peu avant le démarrage de la nouvelle rébellion, et abrite le siège du Comité conjoint d'état-major (CEMOC) chargé de coordonner les actions des États malien, mauritanien, nigérien et algérien en matière de sécurité. Quant aux projets géopolitiques de Kadhafi, ils concernent

---

2 Selon le classement du PNUD (2011), la Libye figure en tête du continent africain du point de vue de l'indice de développement humain.

l'ensemble du Sahara et visent la création des États-Unis du Sahara, prolongeant ainsi une ambition dont l'origine remonterait au XIX^e siècle avec Senoussi (Lacoste, 2011). Cette insertion dans le jeu transsaharien s'est effectuée par le biais de « l'intermédiation » entre le Niger et les rébellions touarègues, le Tchad et ses mouvements politico-militaires, le Soudan et la rébellion du Darfour. Une politique d'aide aux communautés de base et aux États à travers des projets économiques conforte ce rôle transsaharien et africain de la Libye. Enfin, ce pays était l'artisan de la création de la Communauté des États sahélo-saharien (CEN-SAD).

***La CEDEAO***

L'espace CEDEAO est imbriqué à l'espace sahélien même si ce n'est que de manière partielle pour certains des pays membres. Ces deux espaces écologiques et géopolitiques en partie superposés partagent les mêmes défis en matière de sécurité et de développement. Or, il n'est point besoin de rappeler que la sécurité est un double enjeu de gouvernance et de développement. Ce cadre d'intégration créé en 1975, dans le sillage de la revendication du nouvel ordre international, pour réaliser l'autosuffisance collective et l'intégration à travers un marché unique articulé autour d'une union économique et monétaire de la région, s'est mué progressivement en structure relais des puissances occidentales et instrument des chefs d'États. Les prises de position de la CEDEAO ces dernières années sont révélatrices de cette soumission aux intérêts extérieurs. La préoccupation actuelle centrée sur le retour à l'ordre constitutionnel à Bamako, alors même que l'État malien n'existe que sur le tiers de son territoire, prouve à quel point est grande la crainte de déstabilisation de leurs régimes de la part de la presque totalité des chefs d'État de la CEDEAO. Le blocage du matériel militaire malien dans les ports de Dakar et Conakry par cette communauté économique dévoile clairement ses « velléités de liquéfier l'état central malien au profit d'un système d'autonomie très poussé où les régions du nord verrait leur gestion largement confiée aux responsables du mouvement indépendantiste MNLA » (*Allafrica.com*, 2012). Lorsqu'on sait que ce mouvement est en déroute, ses responsables étant exfiltrés du territoire malien, le jeu de la CEDEAO apparaît comme une tentative grossière d'entériner le démembrement du Mali au profit de la reconstruction du « Sahara français », piétinant le sacro-saint principe de l'intangibilité des frontières.

***Les mouvements armés (rébellions touarègues et mouvements islamistes)***

Les rébellions touarègues apparaissent à la fois comme un révélateur de l'échec de la construction nationale dans les États sahéliens mais également un moyen privilégié de captation de la rente étatique par des élites locales qui se muent ainsi en véritables « entrepreneurs politiques ». Il est significatif à cet égard que les différentes rébellions font peu cas des clivages internes, des rapports esclavagistes qui continuent de prévaloir dans leur communauté.

À propos des mouvements djihadistes, l'histoire doit être convoquée pour comprendre leurs dynamiques actuelles et cerner ce qu'elles portent de rupture et de relative continuité avec le passé d'une région qui a connu des États théocratiques, des djihads et des constructions politiques qui ont revêtu parfois des formes violentes. En effet, l'histoire du Soudan central et occidental a été marquée par des violences armées, des conquêtes mais aussi par la résistance. Des guerres d'expansion politique ou religieuse (à l'instar du djihad d'El Hadj Oumar et d'Osman Dan Fodio) et des résistances ont accompagné l'émergence des grands empires et royaumes (Ghana, Mali, Gao, Kebbi, Sokoto, Ayar, Katséna, Kano, etc.) dès l'époque précoloniale. Mais les djihads de l'époque étaient différents en ce qu'elles ont leur ressort à l'intérieur des espaces considérés même si leur perspective transcendait les frontières. En outre, il s'agissait d'un autre type d'Islam non salafiste (Diallo, 2011). Au plus fort de l'installation de l'émirat de Sokoto, des enclaves animistes ont été reconnues par le commandeur des croyants, à l'exemple du village de Massalata (à proximité de Birnin Konni en République du Niger).

***Les réseaux de trafics d'armes, de drogues et de personnes***

Les relations entre les réseaux de commerce régionaux et les États, lieux d'accumulation par excellence, posent le problème de la rente marchande (numéro spécial *Hérodote*, 2011). Commerçants et hommes d'affaires ainsi que pouvoirs politiques se rencontrent pour se partager les rentes frontalières. Les animateurs comme les protecteurs ont donc un intérêt commun. Les seconds interviennent pour soumettre les premiers à leurs visées politiques et financières tandis que les premiers tentent de les englober, parfois de les déborder, en vue de maximiser leur accumulation. « Selon une étude de l'université des Andes à Bogota en Colombie datant de 2001 et publié le 2 juin dernier par le journal britannique *The Guardian*, le négoce de la drogue enrichit principalement les banques américaines à 97,6%. Seuls les 2,4% restent en Colombie » (Ndiaye, 2012). Les trafics sont bien une expression de l'économie capitaliste financiarisée et le signe de l'effondrement des États locaux.

Quel que soit le niveau considéré, du plus simple contrebandier au trafiquant de drogue, la corruption paraît omniprésente dans la zone sahélo-saharienne et permet aux affaires de se concrétiser. On la retrouve dans le domaine de la migration où les agents de l'État (policiers, douaniers et même militaires) chargés du contrôle de la mobilité en tirent profit. Les trafics d'armes (armes légères notamment) et de cigarettes sont justiciables de la même analyse. Qu'il s'agisse donc du commerce saharien et transsaharien illicite, des trafics liés à l'économie criminelle, des mouvements migratoires ou de l'exploitation des richesses minières et pétrolières, l'enjeu semble identique : c'est l'appropriation de la rente même si les moyens et stratégies utilisés sont très différents.

## QUELS CHANGEMENTS ?

Plusieurs types de défis confrontent la perspective de changement dans l'espace sahélo-saharien et rendent compte des liens étroits entre sécurité, gouvernance et développement.

### *Le défi démocratique*

Les stratégies des grandes puissances constituent assurément un obstacle majeur à la démocratisation du continent. À l'examen des stratégies occidentale et chinoise, on pourrait penser que la première est plus favorable à la démocratie dans la mesure où les États occidentaux en font une condition de leur aide et financent régulièrement nos processus électoraux. En revanche, l'absence de conditionnalité politique dans les relations avec Pékin et le soutien chinois à certains régimes ennemis de l'Occident (Soudan, Zimbabwe, Guinée, etc.) tendent à créditer la thèse d'une Chine favorable aux régimes autoritaires. La réalité est cependant beaucoup plus complexe. En effet, dès lors que leurs intérêts stratégiques sont en jeu, les puissances impérialistes n'hésitent pas un seul instant à piétiner leur profession de foi, appuyant tantôt des élections truquées, tantôt couvrant des graves violations des droits humains, quand elles ne renvoient pas purement et simplement à une « démocratie caricaturale ». La démocratisation véritable des États africains, conçue comme l'émancipation politique des Africains et impliquant un développement économique et social au bénéfice des majorités populaires, pourrait se révéler très dangereuse pour la réalisation des objectifs géostratégiques des puissances occidentales.

Le modèle de la « démocratie représentative » libérale, issu de la fin du XVIII$^{e}$ siècle, est essentiellement un mécanisme de transfert de la puissance du peuple vers un organisme spécialisé. Lorsque les luttes populaires et sociales ont été très fortes, il a effectivement permis la garantie de nombreux droits et libertés. De même, lorsque le camp socialiste, le mouvement ouvrier et le mouvement de libération nationale étaient puissants, ce modèle a effectivement garanti un certain progrès social. Ce que nous connaissons aujourd'hui des pratiques institutionnelles et politiques se réclamant de la démocratie découle du triomphe et de la continuité de cette conception. Elle induit la passivité des citoyens. Mieux encore, elle débouche forcément sur « une conception de la démocratie qui ne peut exister s'il y a irruption intempestive de ces citoyens » (Zarka, 2012).

Avec l'hégémonie actuelle du capital financier sur les forces productives et les humains, « le pouvoir s'éloigne de plus en plus de la citoyenneté et la démocratie représentative s'est muée en moyen d'absorber le mouvement populaire et d'enfermer la notion de réalisme dans un espace préalablement délimité » (Zarka, 2012). L'effondrement du bloc soviétique, l'affaiblissement du mouvement ouvrier et la crise du modèle développementiste au Sud, associés à cette hégémonie, ont débouché sur la remise en cause des droits et acquis sociaux partout dans le monde et sur « la dictature des marchés ». Dans les États africains les processus démocratiques sont rapidement entrés en crise. Le jeu démocratique, sans véritables enjeux, se réduit aux rituels d'élections rarement transparentes et dont les vainqueurs sont presque toujours les candidats les plus en vue de la « communauté internationale ».

La rente pétrolière ou minière a également contrarié les avancées démocratiques dans l'espace sahélo-saharien en décourageant la réalisation de consensus politiques internes. Ainsi, le contrôle exclusif de l'accès à la rente pétrolière par la hiérarchie militaire en Algérie a longtemps freiné le besoin d'ouverture du système politique. Dans le même ordre d'idées, la volonté du président Tandja de se maintenir au pouvoir après son second mandat aurait certainement été difficile à imaginer sans les importantes ressources (bonus) tirées de la signature de contrats avec la CNPC. L'option en faveur d'une logique d'éradication par la force de la rébellion armée du Mouvement des Nigériens pour la justice (MNJ) en 2007 ne serait pas concevable non plus sans les importants moyens militaires et financiers mis à la disposition du régime Tandja par le gouvernement chinois. C'est également la rente pétrolière qui explique à la fois la longévité du régime de Déby au Tchad et la difficulté à mettre en œuvre un processus de démocratisation de la vie publique. Chaque processus électoral est émaillé d'assassinats et disparitions d'opposants politiques.

***Le défi de la construction étatique***

La fragilité des États sahéliens renvoie à des problèmes de capacité et/ou de stabilité institutionnelle et sociopolitique. Elle est nourrie dans certains contextes par une crise de la gouvernance liée elle-même à une corrosion de la légitimité ; elle s'enracine dans les difficultés de la construction nationale dans laquelle l'appareil étatique a été souvent privilégié au détriment de l'édification nationale. Un des phénomènes révélateurs de la faillite de l'État postcolonial est la récurrence des rébellions identitaires et centrifuges. À cet égard, trois familles d'explications ont été répertoriées pour rendre compte du phénomène (Saidou, 2009).

La rébellion touarègue est tout d'abord analysée comme la conséquence d'une politique délibérée de marginalisation politique et économique des Touaregs inaugurée par la France pendant la période coloniale et renforcée par l'État postcolonial (Dayak, 1992 ; Claudot-Hawad, 1992). Une deuxième perspective met l'accent sur les politiques publiques de l'État postcolonial dans la zone pastorale qui auraient provoqué une crise du nomadisme. La rébellion serait l'expression brutale de cette fracture entre la rationalité d'un État moderne à tendance jacobine et la logique d'une communauté nomade qui ignorerait les frontières étatiques (Bourgeot, 1990 ; 1995). La troisième approche postule que la rébellion résulte d'une absence totale de vision stratégique de l'État et d'une crise de gouvernance généralisée. La marginalisation économique du nord Niger n'est que le reflet de la nature néocoloniale de l'État postcolonial qui joue encore le rôle qui lui assigné par le système colonial (Hamani, 2007). En d'autres termes, le conflit au nord reflète l'incapacité des élites politiques au Niger à rompre avec les déséquilibres structurels introduits entre les différentes régions par le système colonial français.

Il ressort de ces explications qu'il existe des raisons profondes, endogènes, aux crises récurrentes qui secouent la bande sahélo-saharienne. Ces causes interpellent profondément la gestion de l'État postcolonial, questionnent l'expérience d'édification de l' « État-nation » et remettent au goût du jour la « question nationale ». Dans le contexte géopolitique et stratégique décrit plus haut, il ne faut pas perdre de vue que les crises identitaires sont largement suscitées par les puissances occidentales et entretenues par les élites politiques locales. Le fait est que derrière les crises identitaires et ethniques se cachent des enjeux de pouvoir qui dissimulent à leur tour des intérêts économiques.

***Le défi du développement***

Le développement à promouvoir en tant que processus de « réalisation collective formant le cadre indispensable à l'épanouissement des individus » doit répondre à trois critères (Houtart, 2003) :

- il doit être écologiquement « soutenable », c'est-à-dire respectueux de l'environnement. En cela, il doit rompre avec la logique productiviste du capitalisme dont les désastres écologiques menacent la survie de la planète ;

- le développement doit répondre aux besoins de tous les peuples et de tous les groupes sociaux et non être subordonné aux impératifs de la recherche du profit maximum ;

- il doit être au service de l'épanouissement de tous les êtres humains. En aucune manière, la création des richesses ne doit conduire à « écraser socialement et psychologiquement les individus ».

Le développement doit être replacé dans le cadre des rapports sociaux produits par le capitalisme. Ce qui permet de mesurer l'importance des obstacles à lever pour le rendre possible. Ces obstacles sont d'abord macro-économiques : échange inégal, dette, spéculation financière, etc. L'objectif du développement étant la transformation et non plus une simple adaptation, sa réalisation requiert de remettre en cause les rapports de forces internationaux. Le développement ne saurait se réduire à des programmes de réduction de la pauvreté, de microcrédit ou à l'action humanitaire.

***Le Défi stratégique***

Parmi les raisons susceptibles d'être invoquées pour justifier la relative facilité du déploiement actuel des grandes puissances sur le continent, dans l'arc sahélo-saharien en particulier, le caractère prépondérant de la faiblesse stratégique et l'incapacité politique et technologique des dirigeants à contrôler et à exploiter les ressources naturelles s'imposent à tout analyste.

Ce déficit de vision politique prospective et stratégique, compris comme l'absence ou l'insuffisance d'autonomie dans la définition des objectifs politiques et la gestion des affaires publiques, semble intimement lié à l'extraversion caractéristique de l'État postcolonial. Il est aisé de constater que sur la question du terrorisme, par exemple, les États du Mali et du Niger sont loin de constituer une cible significative des groupes islamiques. Pour autant, leurs dirigeants, particulièrement ceux du Niger, ne se détachent pas de la rhétorique guerrière anti-djihad à chacune de leurs interventions. Au Niger, cela a entraîné un refroidissement dans les relations avec Alger (*Lettre du Continent*, 2012). Le fait est que ces dirigeants relaient le discours de l'ancienne métropole et considèrent l'Islam politique comme le danger susceptible de justifier un traitement prioritaire de leurs États, emboîtant en cela le pas à la Mauritanie qui a choisi de faire de la lutte contre le terrorisme, sous la tutelle de Paris, une priorité nationale de premier rang. Ce qui compromet le rapprochement avec l'Algérie.

C'est aussi autant d'opportunités offertes pour les groupes et réseaux locaux qui pourront faire coïncider leurs stratégies avec celle de l'État, affaiblissant davantage celui-ci. Tout se passe donc comme si l'absence de vision stratégique, l'extrême vulnérabilité de cette élite politique, a permis aux acteurs externes (sociétés transnationales et les États du Nord) de transformer l'espace national au gré de leurs intérêts, devenant ainsi des acteurs locaux de premier rang. Il y a donc urgence à s'orienter vers une autre construction politique, à édifier une société nouvelle à même de relever les défis cités plus haut. Pour ce faire quelques préalables doivent être observés en guise de stratégies.

## QUELLES STRATÉGIES ?

Le changement à réaliser requiert au préalable un ensemble de capacités.

1. Développer une approche globale, intégrée et inclusive de la stratégie et des politiques destinées à relever les défis de l'insécurité nourrie par le déficit de développement (Diallo, 2011). Contribuer dans ce cadre à une véritable transformation de la gouvernance des systèmes de sécurité, inefficaces et budgétivores, à même de relever les défis

sécuritaires. Pour assurer une certaine efficacité dans l'action articulant sécurité et développement, les acteurs institutionnels devront plus concrètement : (i) assurer la *cohérence* des stratégies, (ii) organiser la *complémentarité* des intérêts et des moyens, (iii) assurer la *coordination* suivie et durable (des actions).

2. S'orienter vers une construction politique démocratique.

Se pose alors de manière cruciale la question d'une construction politique susceptible de relever à la fois le défi de la démocratisation et du développement. La démocratie en question ne constitue pas seulement la condition incontournable d'un développement digne de ce nom, c'est-à-dire un développement à la fois économique, social, politique et culturel au bénéfice de l'ensemble des classes populaires. Elle ne doit pas représenter une solution « technique » pour résoudre le problème de l'accession au pouvoir. « Elle constitue également un objectif pour elle-même, l'expression même du concept fondamental d'émancipation des êtres humains, pris individuellement et collectivement, en société » (Amin, 2012). C'est dire que la participation citoyenne et active des masses doit être recherchée tout au long du processus. L'idée que les citoyens sont incapables de saisir la complexité des problèmes dans une société moderne, et donc de comprendre les enjeux essentiels de la politique, est tout simplement irrecevable. L'insistance sur la participation de la « société civile » (en dépit de l'ambiguïté que cette expression véhicule) dans le façonnement des sociétés « peut constituer une méthode positive utile – un point de départ – pour poser la question de la démocratie dans toute son ampleur » (Amin, 2012). C'est la reconnaissance formelle que les sociétés ne sauraient se résumer aux États et que les rapports tissés par la mondialisation ne sauraient se circonscrire aux rapports « inter-nationaux » (entre États). Toutes ces exigences constitutives d'une démocratie au service des classes populaires, d'une démocratie associée au progrès social, sont aujourd'hui remises en cause par le capitalisme financier mondialisé, ses oligarchies et relais locaux.

Se pose également dans le même mouvement avec force la question de la construction d'un État qui réconcilie et qui sache organiser la symbiose entre plusieurs communautés et une intégration régionale au service de l'établissement de nouveaux rapports internationaux. Les configurations politico-géographiques créées par les pouvoirs coloniaux, au profit exclusif des économies métropolitaines, ne peuvent être maintenues même après quelques ravalements de façade. Une véritable refondation s'impose. Un premier pas vers cette reconstruction est la rupture avec l'idéologie et les pratiques de l'État néocolonial. Il s'agit d'édifier un État comptable de ses actions vis-à-vis du peuple et de ses représentants, d'asseoir des institutions publiques capables de promouvoir le développement.

3. Développer une approche préventive s'attaquant aux causes profondes et structurelles où s'enracinent les vulnérabilités qui élèvent les risques face aux menaces :

- développer une culture de prévention des conflits et de consolidation de la paix à l'issue des conflits ;

- appuyer une mise en œuvre opérationnelle et durable des stratégies préventives en direction des jeunes. Agir sur les bases sociales de la violence politique et du terrorisme ;

- promouvoir les droits humains et la lutte contre les discriminations ;

- promouvoir la gouvernance démocratique ;

- encourager le pluralisme culturel et le dialogue des cultures ;

- amener les États et les institutions supranationales (CEDEAO et l'Union africaine) à une opérationnalisation des instruments de gouvernance régionale traitant de manière préventive des causes profondes de conflit. Le caractère transnational de la menace doit conduire à conférer à la coopération régionale et internationale un rôle important. Ce qui requiert, au préalable, une convergence dans l'analyse et l'évaluation de la menace en vue d'une mutualisation progressive des capacités. À cet effet, les mouvements sociaux et citoyens doivent jouer un rôle plus appuyé.

4. Identifier les forces politiques et sociales porteuses du changement désiré.

L'identification des forces politiques et sociales capables de porter le projet de changement est une dimension politique importante de la rupture. En effet, la nature de classe de la rupture est un aspect fondamental qu'il faut examiner. Dans l'analyse esquissée des stratégies des acteurs, il convient de distinguer parmi les acteurs locaux, ceux qui constituent un obstacle aux transformations souhaitées et ceux qui y ont objectivement intérêt.

## Quels acteurs pour porter le changement ?

### *Les classes dirigeantes et leurs institutions*

Une transformation sociale visant la libération de la domination impérialiste ne peut être dessinée par les classes rentières dirigeantes des États actuels. Un leadership assuré par une élite rentière, très peu confiante dans les capacités de développement autonome de son pays, serait certainement le partenaire de choix que peuvent espérer les grandes puissances et leurs transnationales. Les conflits qui peuvent les opposer aux puissances impérialistes portent rarement sur des enjeux importants pour le peuple. Il suffit d'observer leur attitude dans la crise ivoirienne puis lors de l'agression de la Libye par l'OTAN et récemment à l'occasion de l'occupation du nord du Mali par les mouvements armés (MNLA, Ansar Dine et AQMI) pour s'en convaincre. Ces forces constituent « l'alliance compradore ». Elles s'inscrivent résolument dans l'optique d'une insertion marginalisée (soumission) dans la mondialisation néolibérale. Quant aux institutions d'intégration, il est important de se rendre à l'évidence que dans la conjoncture actuelle, l'Union africaine et la CEDEAO ne sont pas des acteurs appropriés pour lancer une initiative qui ne soit pas un prolongement des desiderata de l'Union européenne et qui soit « plutôt une expérience qui s'attaquerait aux causes profondes de conflits, profitable aux populations, mesurable avec leurs représentants et appropriable par les acteurs internes » (Diallo, 2011). Ces institutions partagent la même philosophie : confiner les États africains dans le statut de supplétifs des puissances occidentales dans la lutte contre le terrorisme, qui ne cible pour l'essentiel que des ressortissants européens, les migrations et les trafics de drogues en direction de l'Europe.

### *Les rébellions touarègues*

Le changement attendu ne peut être porté non plus par les mouvements identitaires (rébellions touarègues notamment) dont la perspective ne remet nullement en cause les intérêts stratégiques occidentaux. D'où leur éventuelle manipulation par des constructions géopolitiques à l'échelle mondiale. La rébellion au Niger est perçue comme une manipulation des élites touarègues soutenues par la France pour défendre le pacte colonial qui semblait menacé au début des années 1990 par l'irruption sur la scène politique des forces politiques considérées comme anti-françaises. Le problème touareg serait, selon cette grille analytique, le résultat d'une instrumentalisation des identités culturelles au profit d'intérêts personnels et de l'impérialisme français (Salifou, 1993). Il est remarquable, en effet, que les différentes rébellions touarègues n'aient jamais eu de visée émancipatrice pour les « akli », c'est-à-dire les esclaves. Ainsi que nous l'avons montré plus haut, le souci des aristocraties dominantes est d'utiliser la lutte armée comme une modalité de participation à la captation de la rente, à travers un meilleur positionnement dans l'appareil d'État. C'est pourquoi ces mouvements n'ont jamais menacé les intérêts de l'impérialisme français. Au Niger les rébellions ont surgi précisément à chaque fois que le pays devait faire face à des enjeux cruciaux pour son avenir : Conférence nationale en 1991, diversification des partenaires dans les industries extractives et réorientation de la carte diplomatique du Niger en 2007. On pourrait en dire autant du Mali.

***L'islamisme politique***

À la différence des rébellions, les mouvements djihadistes paraissent avoir une perspective plus globale. Ils ne revendiquent l'indépendance d'aucune portion d'un territoire national et développent une rhétorique anti-occidentale (anti-française en particulier) qui, en dépit de la brutalité de leurs méthodes et de leur hostilité vis-à-vis des femmes, présente un certain attrait pour les masses marginalisées et désemparées par les ravages du capitalisme néocolonial. Il reste cependant que leur connivence avec les États-Unis et les financements considérables provenant de pays du golfe (Qatar, Koweït et Arabie saoudite notamment) font peser un doute sur le caractère démocratique ou rénovateur de leur projet. De plus, ils apparaissent très fortement liés aux réseaux de divers trafics[3]. En outre, au plan programmatique, ils ne proposent aucune alternative crédible à la crise généralisée du système capitaliste, aucune alternative au pillage des ressources naturelles de nos États, aucune alternative face au néocolonialisme et à la domination impérialiste.

***L'alliance populaire***

Seule une alliance nationale et populaire, constituée des classes et couches populaires opprimées, des mouvements sociaux et d'intellectuels

[3] Mokhtar Ben Mokhtar, chef d'un groupe mobile (Katiba) d'AQMI est plus connu sous le surnom de « Monsieur Marlboro » en raison de son implication dans la contrebande de cigarettes.

progressistes, pourrait relever les défis cités plus haut. Cette alliance doit émerger des luttes citoyennes quotidiennes et des combats politiques pour transformer les rapports de forces, pour l'instant, favorables aux « forces du marché ». Il va de soi que cette alliance est encore à construire et son déploiement n'est pas envisageable dans le court terme. Cette recherche de l'hégémonie des travailleurs et des peuples dominés, autrement dit la conquête du pouvoir par le « *démos* », requiert un combat idéologique soutenu contre le néolibéralisme et un effort théorique pour penser en des termes inédits la quête de l'émancipation de la société et le concept de démocratie.

## CONCLUSION

L'intérêt pour le Sahara semble une constante depuis des siècles avec le commerce transsaharien (Hamani, 2007). Toutes les puissances musulmanes apparues sur la scène historique ont cherché à contrôler les voies sahariennes, sources des revenus commerciaux considérables. Les convoitises sur le commerce transsaharien expliqueraient la formation du Sultanat d'Ayar (Agadez) par des tribus touaregs d'immigration récente. Les conquêtes d'Idrissa Alaoma (souverain du Bornou) au XVI$^{e}$ siècle jusqu'à Bilma ainsi que celles de Askia Mohamed qui vint par deux fois (1500 et 1515) à Agadez, obéissent à la même logique. C'est dire combien le Sahara fut un enjeu géopolitique majeur pour tous les États de la région. Cet intérêt a été ravivé, bien avant la Conférence de Berlin, avec l'idée de construction par la France d'un chemin de fer transsaharien en 1879 afin de faciliter la conquête du Soudan central et occidental.

Aujourd'hui encore, le même intérêt est porté par les puissances occidentales, la France et les États-Unis au premier rang, qui entendent contrôler les ressources de la région au détriment des intérêts des États et de leurs peuples. L'avenir du Sahel est en jeu tout autant que celui de l'Afrique de l'Ouest. Au-delà, il est aussi question de l'avenir des rapports avec l'Europe. Celle-ci n'a pas su, empêtrée dans les relations néocoloniales, construire de véritables politiques de coopération pour le développement avec les pays de la région. Elle a plus souvent contribué au maintien en place des régimes dictatoriaux et des démocraties de façade, dont la légitimité est très faible, comme en témoigne le renversement rapide du président malien Amadou Toumani Touré. N'est-il pas temps de mettre un terme à ces relations asymétriques avec l'Europe ? N'est-ce pas un préalable incontournable pour toute construction politique autonome ? Les pays émergents (Brésil, Russie, Inde, Chine, Afrique du Sud) n'offrent-ils pas une opportunité pour amorcer cette construction au niveau de l'espace sahélo-saharien et du continent sur toute son étendue ? N'est-ce pas là une alternative crédible ?

## RÉFÉRENCES

Abdou, I. (2008) « Nouveaux rapports de forces internationaux », Communication au colloque « Transition vers le socialisme : Aspects politique, économique, social et culturel » organisé à Caracas, Venezuela, octobre.

Alternative Sud (2011) *La Chine en Afrique : menace ou opportunité pour le développement ? Points de vue du Sud*, Bruxelles, CETRI, éditions Syllepse.

Amin, S. (2012) *L'implosion du capitalisme contemporain*, Paris, éditions Delga.

Bourgeot, A. (1995) *Les sociétés touarègues : nomadisme, identité, résistance*, Paris, Karthala.

--- (1990) « Le désert quadrillé : des Touaregs au Niger », *Politique africaine*, n° 38, juin.

Bowie, N. (2012) « L'Africom des États-Unis et la militarisation du continent africain : le combat contre l'implantation économique chinoise », 31 mars, http : //www.legrandsoir.info/ [visité en avril 2013].

Chegrouche, L. (2010) « Géopolitique transsaharienne de l'énergie, Le jeu et l'enjeu ? », *Revue de l'énergie*, vol. 61, n° 593.

Claudot-Hawad, H. (1992) « Bandits, rebelles et partisans : vision plurielle des évènements touaregs, 1990-1992 », *Politique africaine*, n° 46, Paris.

Dayak, M. (1992) *Touareg, la tragédie*, Paris, J.-C. Lattès (en collaboration avec Michael Stühenberg et Jérome Strazzulla).

Dembélé, D. M. (2011) *Samir Amin. Intellectuel organique au service de l'émancipation du Sud*, Dakar, CODESRIA.

Diallo, M. (2011) « Défis sécuritaires et hybridation des menaces dans la zone sahélo-saharienne », Institut d'études politiques et stratégiques, http://www.ieps-cipsao.org [visité en avril 2013].

Granvaud, R. (2012) *Areva en Afrique : Une face cachée du nucléaire Français*, Agone.

Hamani, D. (2007) « Les enjeux stratégiques autour du Sahara à travers l'histoire », Communication à l'Atelier sur le thème « Conflit au nord Niger : analyse des enjeux stratégiques et impacts sur le cadre démocratique » organisé par l'Association nigérienne de défense de droits humains (ANDDH) et Alternative Espaces Citoyens, Niamey.

Houtart, F. (2003) « Société civile, mouvements sociaux et développement » in B.-F. Tchuigoua, S. D. Sy et A. A. Dieng (éds) *Pensée sociale critique pour le*

*XXI^e^ siècle. Mélanges en l'honneur de Samir Amin*, Forum du Tiers-Monde/L'Harmattan.

Lacoste, Y. (2011) « Sahara, Perspectives et illusions géopolitiques », *Hérodote* n° 142, troisième trimestre, Paris.

Malti, H. (2008) « Les guerres de Bush pour le pétrole », revue *Algeria Watch*, 21 mars.

Ndiaye, I. (2012) « Géopolitique du Sahara, crise généralisée du capitalisme mondialisé, crises identitaires et avenir de l'État-nation : le cas du Mali », Communication au colloque « Quelles constructions politiques au Mali face au Sahel en crise ? », Fondation Gabriel Péri, Paris. www.gabrielperi.fr [visité en avril 2013].

Bagayoko-Penone, N. (2004) *Afrique, les stratégies française et américaine*, Paris, L'Harmattan.

Nkundabagenzi, F. (2005) « L'Union européenne et l'Afrique. Entre contraintes et promesses », *La revue géopolitique*, http://www.diploweb.com/L-Union-europeenne-et-l-Afrique.html [visité en avril 2013].

Obeng, K.W. (2010) « La lutte pour avoir la main mise sur le pétrole ghanéen », article lu sur http://www.twnafrica.org [visité en avril 2013].

Plagnol, H. et Loncle, F. (2012) « Situation sécuritaire dans les pays de la zone sahélienne », *Rapport d'information* n° 4431, mars, Commission des Affaires étrangères, Assemblée Nationale, Paris.

PNUD (2011) *Rapport sur le développement humain 2011. Durabilité et équité : Un meilleur avenir pour tous*, New York, PNUD.

Saidou, A. K. (2009) « La problématique de la gestion post-conflit au Niger : analyse de la politique de réinsertion des ex combattants touaregs », Mémoire de DEA Université de Ouagadougou II, Burkina Faso.

Salifou, A. (1993) *La question touarègue au Niger*, Paris, Karthala.

Taje, M. (2010) « Vulnérabilités et facteurs d'insécurité au sahel », *Enjeux Ouest-africains*, n° 1, août, Secrétariat du Club du Sahel et de l'Afrique de l'Ouest, http://www.oecd.org/fr/csao/publications/enjeuxouest-africains.htm [visité en avril 2013].

Tchokonte, S. T. (2008) « Enjeux et jeux pétroliers en Afrique : étude de l'offensive pétrolière chinoise dans le Golfe de Guinée », mémoire de Master en science politique, Université de Yaoundé II, Cameroun.

Tisseron, A. (2011) « Enchevêtrements géopolitiques autour de la lutte contre le terrorisme », *Hérodote*, n° 142, troisième trimestre, Paris.

Zarka, P. (2012) « Pour une démocratie du mouvement », Communication dans le cadre du séminaire « Mondialisation, territoires et citoyenneté », 17 janvier, www.gabrielperi.fr [visité en avril 2013].

**Numéros spéciaux et Journaux en ligne**

*AFP/Jeune Afrique*, « Areva Prête à ouvrir à la Chine l'exploitation de la mine d'Imouraren », 05 novembre 2010. Disponible sur www.jeuneafrique.com

*Allafrica.com*, « Afrique de l'Ouest : Ports de Dakar et de Conakry - La CEDEAO fait bloquer du matériel militaire malien », publié le 16 juillet 2012 sur http://fr.allafrica.com

*Hérodote* (2011), « Géopolitique du Sahara », n° 142, troisième trimestre, Paris.

*Lettre du continent* (2012), « Niger, Malaise diplomatique avec Alger », n° 639, 12/07/2012.

*Lettre du Continent* (2008), n° 551 du 30 octobre 2008.

## CHAPITRE 3

# AU-DELÀ DU NÉOLIBÉRALISME : ÉLÉMENTS DE RÉFLEXION POUR UN DÉVELOPPEMENT DÉMOCRATIQUE

*Kojo Okopu Aidoo*

Le développement est le thème incontournable en Afrique contemporaine sans doute parce que la majeure partie du continent ne s'est toujours pas développée en dépit de six décennies d'efforts. La majorité des Africains, même s'ils ne sont pas techniquement des esclaves, sont toujours privés des libertés primaires et demeurent d'une façon ou d'une autre emprisonnés dans la pauvreté économique, la privation sociale, la tyrannie politique ou l'autoritarisme culturel, pour reprendre le langage de Amartya Sen qui explique dans son livre *Development as Freedom* (traduit en français sous le titre *Un nouveau modèle économique : développement, justice, liberté*) pourquoi dans un monde caractérisé par un accroissement sans précédent des richesses, des millions de personnes vivant dans les pays du Sud ne sont toujours pas libres.

Sen a défendu de manière convaincante l'idée, acceptée aujourd'hui par la plupart au sein de la communauté des acteurs de développement, selon laquelle l'objectif principal du développement est de répandre la liberté aux citoyens non-libres. La liberté est donc immédiatement, selon lui, le but ultime des mesures économiques et sociales et le moyen le plus efficace pour parvenir au bien-être général. Si, dans les faits, le développement n'a rien de mystérieux et que ses objectifs demeurent clairs à ce point, pourquoi la plupart des pays de l'Afrique ne se développent-ils pas ? Qu'est-ce qui ne va pas avec les paradigmes de développement existants ? Comment le changement pourrait-il advenir ? Quelles alternatives avons-nous ? Comment les paradigmes alternatifs de développement pourraient-ils gagner en légitimité et en ancrage institutionnel ?

Pourquoi le taux de croissance économique de l'Afrique subsaharienne n'a-t-il pas été bon dans l'ensemble pendant les cinquante dernières années ? Quelles leçons tirer des expériences de réussite observées aussi bien en Afrique qu'ailleurs ? Est-ce que certaines des politiques jugées assez bonnes en Asie de l'Est pourront aider à renverser la désindustrialisation que l'Afrique a connue durant les trois dernières décennies et être la base de sa transformation structurelle ? Voici des questions importantes que posent Akbar *et al.* (2012) par exemple. Leur avis est qu'il y a de bonnes raisons de croire que les politiques qui s'inspirent des expériences couronnées de succès, celles de l'Asie de l'Est notamment, peuvent être fructueusement adaptées aux contextes Africains, même si la réussite n'est pas toujours assurée. Cette conclusion est discutable et nous aurons l'occasion d'y revenir.

La problématique du sous-développement de l'Afrique peut également être abordée dans la perspective de la théorie de la dépendance. Howard (1978) par exemple souligne que l'héritage colonial de l'Afrique contemporaine est, en résumé, son économie politique dépendante, le sous-développement de ses forces productives, la déformation de sa structure de classes ; d'où son pronostic pessimiste sur la possibilité de mettre en œuvre de politiques progressistes dans un tel contexte. La question pour Howard reste à savoir comment l'Afrique peut se départir de son héritage colonial et se réorienter vers une trajectoire de développement économique, politique et social intégré. En effet, bien que la petite bourgeoisie y soit la classe politiquement dominante, elle n'a pas un rôle significatif dans le processus de production. Ce qui explique, selon Howard, que l'Afrique s'inscrive dans un mouvement historique incertain dont le sens et la signification seront définis et redéfinis à travers les luttes.

Deux citations de Walter Rodney et Claude Ake, deux chercheurs africanistes, dont l'immense contribution théorique à la lutte pour le développement de l'Afrique demeure toujours d'actualité au vu des tendances de l'économie mondiale et de la marginalisation du continent, permettent de clarifier les enjeux. Il est certainement important de signaler que Rodney a publié son retentissant *How Europe underdeveloped Africa* (*Et l'Europe sous-développa l'Afrique*) il y a un peu plus de quarante ans, en 1972. Dans la préface de ce livre, Rodney écrit : « Le développement de l'Afrique n'est possible que sur la base d'une rupture radicale avec le système capitaliste international qui a été le principal agent du sous-développement de l'Afrique au cours des cinq derniers siècles ». Quant à Claude Ake, il note dans son livre *Democracy and Development* que « le développement devra prendre les gens comme ils sont et non comme ils devraient être selon l'image que quelqu'un d'autre se fait du monde. La seule manière pour les Africains d'aller de l'avant c'est d'avancer à leur propre rythme et en conformité avec leurs valeurs. C'est de cette manière que l'on pourra faire des Africains les acteurs, les moyens et la fin du développement ». Ces deux citations de Rodney et Ake décrivent dans son essence le message théorique et idéologique de ce chapitre : c'est-à-dire une rupture décisive et radicale avec le capitalisme international accompagnée par un développement endogène ! Ceci serait en résumé la trajectoire crédible vers un développement durable de l'Afrique.

Pour replacer les choses dans leur contexte, quelques observations préliminaires sur les paradigmes de développement en vogue dans l'Afrique postcoloniale s'imposent. En effet, pour comprendre l'économie politique et les dynamiques de développement en Afrique, nous devons commencer par l'appréciation de la base matérielle : les économies Africaines jusqu'à récemment sont restées fortement étatistes, en d'autres termes, l'État domine l'économie ; les forces productives y sont sous-développées et les surplus économiques maigres ; elles sont hautement dépendantes, particulièrement des anciens pouvoirs coloniaux ; elles sont fortement désarticulées. De plus d'un demi-siècle d'efforts en matière de développement, il en a résulté de la stagnation, de la régression voire pire. Et les conséquences tragiques de cela sont devant nous : une vague croissante de pauvreté, un délabrement des services publics, l'effondrement des infrastructures, des tensions sociales, des troubles politiques et jusqu'à récemment des signes avant-coureurs d'un glissement inévitable vers le conflit et la violence.

Ceci m'amène à ma seconde observation. À cause de ces conditions économiques démoralisantes, il arrive souvent que des gens défendent l'idée que l'Afrique doit suivre certaines « étapes » ou remplir certaines « conditions » en vue de son développement. Je ne suis pas d'accord avec cette approche car elle cherche à pousser les Africains à se développer contre eux-mêmes. Elle vise à s'approprier les droits des gens à se développer par eux-mêmes ; ce qui est une forme de violence sociale et d'aliénation. Contrairement à la théorie de la modernisation et à ses variantes, je pense que nous avons besoin de suivre les processus et dynamiques du développement africain pour voir où ils pourraient mener. Ce qui ne saurait impliquer la passivité. Il s'agit plutôt d'analyser en permanence la configuration des forces sociales, les contradictions, les potentialités, les agendas et les retombées possibles.

La troisième observation est que les paradigmes de développement dominants en Afrique contemporaine semblent si bien établis, si apparemment plausibles, si ancrés et si légitimés dans la structuration du pouvoir existant, que l'idée même d'un éventuel système alternatif de développement semble frivole voire utopique. Cette légitimation et cet ancrage institutionnel constituent l'obstacle le plus important à l'émergence de paradigmes alternatifs en Afrique. Il devient important dès lors d'étudier les confusions, les incohérences, les ambiguïtés, les contradictions, les antinomies, les fioritures et les distorsions qui s'opposent à l'émergence de systèmes alternatifs de développement.

Quatrièmement, le développement n'est pas la croissance économique comme veulent nous le faire croire certains économistes de développement comme Rostow et Arthur Lewis, qui défendent la soi-disant « perspective d'élargissement du noyau capitaliste » ("*expanding capitalist nucleus perspective*"), même s'il est admissible que la croissance économique, dans une large mesure, détermine sa possibilité. Mais comme nous l'avons vu dans beaucoup de cas en Afrique postcoloniale et même dans le monde, il peut y avoir de la croissance sans développement.

Cinquièmement, le développement n'est pas un projet mais un « processus par lequel les gens créent et se recréent eux-mêmes ainsi que leurs propres conditions de vie afin d'atteindre des niveaux de bien-être en conformité avec leurs propres choix et valeurs » (Nnaemeka, 2009). Le développement est donc quelque chose que les gens doivent faire par eux-mêmes, c'est-à-dire les gens doivent être les acteurs, les moyens et la fin du développement. En d'autres termes, le développement est une expérience vécue et non pas une expérience reçue. Il n'est donc pas possible d'avoir un développement par procuration. Les Africains doivent se développer par eux-mêmes ou ils ne se développeront pas du tout.

Sixièmement, les paradigmes de développement sont souvent vus comme des discours ou théories qui servent à renforcer les intérêts politiques dominants dans le monde. Contrairement aux définitions qui conçoivent le développement comme étant un phénomène qui se produit quand les économies nationales sont en croissance (Lewis, 1954), quand les sociétés se modernisent (Rostow, 1960), ou quand les libertés politiques, économiques et sociales se répandent (Sen, 1999), une définition discursive soutient que l'essence du développement est l'exercice du pouvoir des nations riches sur les nations pauvres. Les discours de développement sont devenus institutionnalisés dans les agences internationales de développement. Par la suite, ces agences encouragent les nations du Sud à suivre des chemins menant à la prospérité, chemins censés être dépourvus de tout jugement de valeur telles que la modernisation de l'agriculture et la libéralisation des marchés. Indépendamment de la question de savoir si ces politiques peuvent fournir les avantages escomptés, la modernisation de l'agriculture et la libéralisation des marchés reflètent en réalité les intérêts économiques et politiques des pays du Nord. D'où la tendance des politiques et de la recherche sur le développement à plus se focaliser sur les options en termes de politiques à mener (celles d'ordre technique, économique et institutionnel) plutôt que de s'appesantir sur les questions de politique intérieure et les processus politiques. Or, malgré des décennies d'efforts, l'Afrique demeure languissante et sous-développée. D'où la nécessité de déconstruire ces discours. D'une certaine manière, les approches discursives mettent en évidence l'architecture du pouvoir qui sous-tend les politiques de développement (Escobar, 1995). Durant les dernières années, une école de « théorie politique locale » est d'ailleurs née du souci de s'attaquer au caractère bancal de la pensée dominante sur le développement.

Finalement, force est de remarquer que les stratégies et politiques de développement ne tombent pas du ciel, pas plus qu'elles ne se mettent en œuvre elles-mêmes ; leur faisabilité et leur réussite sont loin d'être déterminées par leur caractère formel. Au contraire, elles sont faites par un gouvernement en place et une élite politique dans un état historique et une configuration particulière des forces sociales. Nous ne pouvons donc pas parler des stratégies et politiques de développement sans mentionner leur possibilité, sans faire référence en permanence à la nature de l'État, aux dynamiques sociales dans lesquelles elles sont insérées et au type de politiques qu'elles engendrent. La signification de tout ceci est que le développement est modelé et mu par la politique.

## L'HISTOIRE DU DÉVELOPPEMENT ET DES POLITIQUES DE DÉVELOPPEMENT DANS L'AFRIQUE POSTCOLONIALE

Il y a eu deux types d'initiatives de développement en Afrique postcoloniale : les initiatives par l'Afrique et les initiatives pour l'Afrique (Baah, 2003). La première expression fait référence aux efforts endogènes ou aux initiatives qui étaient conçues et mises en œuvre *par* les pays Africains après les indépendances. La seconde expression renvoie aux initiatives qui étaient conçues *pour* l'Afrique et mises en œuvre à travers les Institutions financières internationales. Les deux types d'initiatives ont des caractéristiques différentes.

Les initiatives venues des Africains étaient centrées sur les peuples. C'est pourquoi, dans une certaine mesure, elles ont réussi en termes de développement humain. Malheureusement, la période pendant laquelle les Africains ont eu l'opportunité de dérouler leurs propres politiques de développement était très courte, parce qu'ayant duré moins d'une décennie après les indépendances (entre 1960 et 1970). Depuis lors, « toutes les initiatives pour l'Afrique ont été conçues par des "étrangers" et elles ont toutes échoué » (Baah, 2003). Cet échec est matérialisé par la dette et la pauvreté grandissantes, par l'absence de liberté et par la dé-capacitation politique sur le continent africain même si, durant les dix dernières années, l'Afrique subsaharienne a affiché de bons niveaux de croissance économique.

Il importe de signaler que les paradigmes de développement à la mode tendent à être ahistoriques et athéoriques en ce sens qu'ils ont tendance à insister sur les problèmes internes dans la négligence des dynamiques externes qui ont concouru à produire le sous-développement et la dépendance, lesquelles ont souvent été mises en évidence dans les écrits et le langage de l'École de la Dépendance. Ils ont tendance à ignorer le fait que l'Afrique d'aujourd'hui porte toujours les séquelles de l'expérience coloniale et que l'intégration des économies coloniales africaines dans le système capitaliste mondial à la fin du XIX$^{e}$ siècle et à l'aube du XX$^{e}$ a eu deux effets contradictoires : l'Afrique est devenue une économie capitaliste périphérique en même temps que le sous-développement de son « potentiel capitaliste » a été consolidé. Ainsi l'exploitation coloniale a-t-elle empêché l'Afrique de développer un « capitalisme mature » (*full capitalism*). Les ramifications de ce legs historique sont profondes et c'est important de les reconnaître afin de saisir pleinement les processus, vicissitudes et dynamiques du (sous) développement de l'Afrique. Il y a néanmoins une autre raison qui explique pourquoi l'Afrique n'a pas réussi à mettre en place un « capitalisme mature ». Elle tient à la « mentalité commerciale » de l'Afrique. Un rapide détour historique permettra de mieux clarifier ce point.

La révolution industrielle en Angleterre vers 1733 a vite transformé l'économie anglaise mais a aussi posé un défi au reste du monde. Contrairement à la rhétorique officielle du libre-échange et de « l'histoire officielle du capitalisme », l'Angleterre et les États-Unis se sont développés sous le protectionnisme. Bairoch a avancé que les États-Unis d'Amérique sont « la patrie et le bastion du protectionnisme moderne » et que « le vainqueur est celui qui ne joue pas le jeu » (Bairoch, 1993 ; voir également Chang, 2002). De même, Inikori (2002) a montré avec beaucoup de détails que le commerce atlantique a financé la révolution industrielle en Angleterre et est dans une certaine mesure responsable de son industrialisation.

En tout état de cause, face à l'émergence de cet industrialisme capitaliste, certaines nations ont essayé d'imiter l'expérience anglaise alors que d'autres ont déployé maints efforts pour s'ouvrir au commerce international dans une logique de libre-échange. Il est intéressant de noter que les nations qui ont imité ont atteint leurs objectifs tandis que celles qui ont suivi une stratégie libre-échangiste n'ont pas réussi à atteindre un niveau de croissance économique (référence est faite ici à la distinction entre les pays qui ont imité la révolution industrielle et ceux qui, en accord avec la théorie de l'avantage comparatif, se sont engagés dans le commerce international tout en étant au stade préindustriel).

La première leçon de l'histoire du développement est donc que les nations qui essaient d'imiter font mieux que celles qui ont la « mentalité commerciale », ce qui a été le cas de l'Afrique ! Et rien que ceci apporte un démenti cinglant à la théorie de l'avantage comparatif. Au lieu d'être laissée avec ses propres moyens pour prendre le chemin de l'industrialisation, l'Afrique a été confinée aux activités agraires sans aucune considération pour les liaisons en amont et en aval. Une conséquence importante de cette spécialisation économique a été l'émergence d'un État qui, dans la plupart des cas, est une excroissance ; ce qui compromet le développement.

Une société capitaliste arrivée à maturité a une tendance intrinsèque à légitimer la production et l'échange capitalistes à travers le fétichisme des marchandises. La société de marché a sa propre logique qui détermine sa propre forme de gouvernement, son administration et son idéologie politique. Cela se reflète chez Adam Smith dans la congruence entre l'économie capitaliste et le gouvernement libéral. Cette affinité entre les valeurs fondamentales du marché et la démocratie libérale peut être clairement appréciée lorsqu'on réfléchit sur les présuppositions de la production marchande et de l'échange. Les porteurs de marchandises agissent de manière égoïste. De même, ils sont formellement libres et égaux. En fait, sur le marché, les porteurs de marchandises sont libres et égaux et la force de travail est apparemment payée correctement ; les actions des porteurs de marchandises donnent l'impression d'obéir à un système de lois naturelles. Ces valeurs fondamentales de liberté et d'égalité formelles, d'égoïsme et de domination de la propriété privée sont reproduites dans la sphère politique, dans la politique bourgeoise : les concurrents politiques sont formellement libres et égaux et peuvent rivaliser officiellement dans des conditions qui sont formellement les mêmes. Cet accès formel et égal de tout le monde donne l'impression de l'objectivité. Ce qui veut dire que le gouvernement émanant de la concurrence semble légitime. Les États dans les sociétés capitalistes deviennent alors une force publique autonome qui agit en conformité avec la règle de droit. Cette dernière incarne la forme politique qui prévaut sous le capitalisme, en tant qu'elle représente l'ensemble des conditions d'une société de marché et de la réalisation de la loi de la valeur.

L'État en Afrique est totalement différent et cela explique pourquoi les systèmes politiques émergents du continent sont dépourvus des éléments essentiels du libéralisme. L'État qui a émergé dans l'Afrique postcoloniale, dans la plupart des cas, n'est pas une force publique objective qui se hisse au-dessus des intérêts particuliers et des groupes pour exprimer l'identité collective d'une société politique. Au-delà du manque d'autonomie, l'État Africain typique tend à revendiquer un pouvoir quasi absolu. Il a une tendance autoritaire et, en l'absence de systèmes conséquents d'équilibre et de contrepoids, virtuellement arbitraire. Si bien que, dans la plupart des cas, l'État postcolonial est tellement dysfonctionnel qu'il n'a pas permis aux projets de développement de décoller. Comme le souligne Ake, l'idéologie de développement de la période postcoloniale a été instrumentalisée au profit de la reproduction de l'hégémonie politique. Elle a reçu une attention limitée et a à peine servi de cadre de transformation économique.

Bien évidemment, des plans de développement ont été écrits et rendus publics. Mais ce qui passait pour des plans de développement était une agrégation de projets et d'objectifs informés par les dernières tendances à la mode de la communauté internationale du développement telles que la substitution aux importations et la promotion de l'exportation. Comme ces modes ont évolué dans le monde pris globalement, ces dernières ont par voie de conséquence été abandonnées en Afrique.

Ake a soutenu, et je partage ce point de vue, que l'obstacle principal au développement de l'Afrique est *politique*, que le fait n'est pas que le projet de développement a échoué mais plutôt qu'il n'a jamais démarré. Ake développe cet argument en faisant référence au conflit sur les agendas de développement entre les leaders africains et les agences internationales de développement. Ce conflit a retardé le projet de développement en enfermant les leaders africains dans le dilemme d'avoir à choisir entre un agenda endogène pour lequel ils ne peuvent pas trouver les moyens de mise en œuvre et un agenda exogène qu'ils ne peuvent se résoudre à accepter ; un dilemme donc entre ce qu'ils veulent faire et ce qu'ils doivent faire. Le regretté Claude Ake (1996) s'est penché sur ces confusions des agendas, les stratégies improbables, les options bloquées et les options résiduelles.

## LA CONFUSION DES AGENDAS

Malgré cinq décennies d'efforts en matière de développement, les économies de la plupart des nations africaines font encore du surplace ou régressent. Dans la majorité des cas, les revenus sont plus bas qu'ils ne l'étaient il y a quelques décennies, les perspectives sanitaires se sont dégradées, la malnutrition est répandue, les infrastructures et les institutions sociales sont en train de s'effondrer. À titre illustratif, on considère qu'environ 65% des Africains vivent en deçà du niveau de pauvreté de deux dollars par jours ; la part de l'Afrique dans le commerce mondial ne dépasse pas 3,5%, ce qui rend les économies africaines presque sans importance pour le commerce mondial. Un ensemble de facteurs ont été avancés en vue d'expliquer cet échec apparent du développement en Afrique, y compris l'héritage colonial, le pluralisme sociologique (la diversité ethnique notamment), la corruption, une piètre planification alliée à une gestion incompétente, des flux entrants limités de capitaux étrangers, de bas niveaux d'épargne et d'investissement.

Seuls ou en combinaison, ces facteurs sont de sérieux obstacles au développement. Toutefois, selon Claude Ake, le problème n'est pas que le développement a échoué mais que ça n'a jamais vraiment figuré sur l'agenda. Il maintient que les conditions politiques en Afrique sont les plus grands obstacles au développement. Après avoir retracé l'évolution et l'échec des politiques du développement, y compris les programmes de stabilisation du FMI qui ont dominé les efforts internationaux, il attribue les causes profondes du problème dans la structure politique autoritaire des États africains dérivant des entités coloniales qui les ont précédés. Ake a évoqué les démarches alternatives qui se battent pour sortir des échecs calamiteux – par exemple le développement économique basé sur l'agriculture traditionnelle, le développement politique basé sur la décentralisation des pouvoirs et la stratégie qui consiste à s'appuyer sur des communautés indigènes qui essaient de fournir des mesures de sauvegarde face au pouvoir coercitif de l'État central. À partir de 1985 l'Afrique n'a cependant plus cherché à relever le défi du développement – elle était plutôt en crise et sa survie était en question : il n'y avait pas de stratégies formulées par les peuples, pas plus qu'il n'existait d'engagement des gouvernants pour le développement. Depuis lors, l'Afrique subsaharienne expérimente la crise la plus profonde et la plus prolongée de l'histoire moderne. Ces crises sans précédent ont été très sévères, tragiques et démoralisantes.

« En 1986, un important séminaire a eu lieu à Uppsala, en Suède. Son but était de fournir une plateforme à un panel de leaders et érudits africains, lequel incluait A. M. Babu, Joseph Ki-Zerbo, Changa Macho, Wamba dia Wamba et Goran Hyden », en vue de discuter des stratégies de développement pour le futur de l'Afrique [...]. C'était un séminaire d'une grande envergure parce qu'il cherchait une perspective africaine sur la situation du continent » et parce qu'il avait retenu de débattre en toute franchise sur « l'État » (Bennaars, 1993 : 101) en Afrique. Les participants à ce séminaire ont essayé de chercher des solutions africaines aux problèmes africains. C'était louable car je pense aussi que tant que les Africains ne se prennent pas eux-mêmes en charge et que des solutions africaines ne sont pas apportées aux problèmes africains, il n'y aura pas de délivrance pour les États africains.

Cinq ans plus tard, « les idées débattues dans le séminaire d'Uppsala ont trouvé une expression plus vigoureuse encore dans la *Charte Africaine pour la Participation Populaire et la Transformation* (Arusha, 1990). À la base de cette charte, il y avait la vision d'une Afrique nouvelle. Cette vision, qui cherchait à faire le plaidoyer du développement humain et de la justice économique, de la démocratie et de l'exigence de rendre compte, et de la participation populaire par-dessus tout, exprimait en même temps le vœu de combattre le despotisme, l'autoritarisme et la kleptocratie » (Nnaemeka, 2009).

À ce jour, il y a eu quatre stratégies focales qui, ensemble, donnent quelques indications sur la manière dont l'agenda de développement préféré de l'Afrique a émergé dans les années 1980 et l'aube des années 1990. Ces stratégies sont les suivantes :

i. le plan d'Action de Lagos pour le développement économique de l'Afrique 1980-2000 et l'Acte Final de Lagos (1980) ;

ii. le Programme prioritaire de redressement économique en Afrique 1986-1990 qui s'est plus tard mué en Programme d'action des Nations unies pour le redressement économique et le développement de l'Afrique (1986) ;

iii. le Cadre africain alternatif aux programmes d'ajustement structurel pour la reprise et la transformation socioéconomique (1989) ;

iv. la Charte africaine pour la participation populaire au développement et à la transformation (1990) ainsi que le Nouvel agenda des Nations unies pour le développement de l'Afrique dans les années 1990s.

Il est important d'avoir à l'esprit que l'Afrique a expérimenté presque tous les paradigmes de développement concevables : le socialisme africain tel qu'il était pratiqué en Tanzanie et certaines parties de l'Afrique ; le socialisme marxiste-léniniste comme cela avait été le cas en Mozambique sous Samora, en Éthiopie sous Mengistu et en Angola ; les théories de la modernisation, y compris la *perspective de l'élargissement du noyau capitaliste* qu'Arthur Lewis a fait passer comme lettre à la poste au Ghana par l'intermédiaire du PNUD qui a essayé de la mettre en œuvre ; l'approche des besoins de base ; les paradigmes basés sur la théorie de la dépendance et diverses démarches néolibérales.

Toutefois, en dépit des cinq décennies d'efforts en matière de développement, les économies de la majorité des nations africaines font toujours du surplace quand elles ne reculent pas. Ma thèse est que les conditions politiques en Afrique sont le principal obstacle au développement. J'ai identifié les sources du problème dans la structure politique autoritaire des États africains héritée des anciennes entités coloniales. Je crois que l'Afrique ne pourra sortir du sous-développement qu'à partir de l'instant où la politique publique deviendra l'expression de la volonté démocratique des peuples et où elle prendra en charge leurs besoins sociaux. Ce dont nous avons besoin, c'est d'un paradigme tout neuf avec une nouvelle stratégie ou modèle qui soit en phase avec les aspirations démocratiques des peuples et leurs besoins sociaux – un paradigme dont la stratégie fait des Africains, les acteurs, les moyens et la fin du développement. Avant de traiter de cette nouvelle stratégie, je vais me prononcer sur le paradigme néolibéral et ce qui fait de lui une stratégie improbable ou une option bloquée.

## LES STRATÉGIES IMPROBABLES OU OPTIONS BLOQUÉES

Le développement de l'Afrique à travers des approches néolibérales semble effectivement bloqué. Les retombées promises par le néolibéralisme ont échoué à se matérialiser au moins pour la majorité des populations africaines. L'expérience issue des décennies de l'entre-deux-guerres mondiales nous a enseigné que le destin économique et politique de l'Afrique ne pouvait être envisagé sans risque d'être délégué à des marchés libres, non-réglementés, puisque cette trajectoire mène à l'instabilité économique, à une dépression sporadique et au chaos politique.

Au lendemain de la seconde guerre mondiale, les économies nationales, même celles pour lesquelles les marchés ont joué un rôle puissant, étaient placées sous le contrôle ultime des gouvernements, et les relations économiques internationales étaient gérées expressément par le Fond monétaire international et la Banque mondiale. Des progrès significatifs ont ainsi été faits dans le rétablissement économique et la prospérité. Et comme le soutient Crotty (2000), dans le débat sur les contradictions structurelles du capitalisme contemporain, la prospérité mondiale, qui a caractérisé le quart de siècle qui a suivi la seconde guerre mondiale, a renforcé la croyance en la sagesse de la réglementation sociale des affaires économiques.

Les tentatives menées en vue de venir à bout des problèmes structurels des économies africaines dans les années 1970 ont conduit à la régression du pouvoir de régulation économique de l'État, remplaçant le contrôle sociétal conscient par « la main invisible » de marchés non-réglementés. Les défenseurs du néolibéralisme anticipaient que cette période nouvelle du laissez-faire améliorerait radicalement la performance économique des pays africains. Ce qui est regrettable, c'est qu'après deux décennies d'efforts néolibéraux, les avantages escomptés tardent encore à se matérialiser, au moins pour la majorité des masses africaines. Selon Crotty (2000), pendant cette période de libéralisme tous azimuts, la croissance du revenu mondial a dégringolé, tout comme le taux d'accumulation du capital ; la croissance de la productivité s'est détériorée, la croissance des salaires réels a décliné ; le chômage moyen a augmenté ; les inégalités se sont accrues dans beaucoup de pays ; les taux d'intérêt réels sont devenus plus élevés ; les crises financières éclatent depuis avec une régularité soutenue ; les nations les moins développées en dehors de l'Asie de l'Est ont chuté encore plus loin derrière les nations développées.

Par conséquent, les chemins via la déréglementation, la libéralisation, la privatisation et l'intégration économique mondiale pour le développement ont été bloqués et il semble presque impossible pour l'Afrique d'atteindre un certain niveau de développement à travers cette voie. Ce que le libéralisme et la mondialisation ont réussi à faire est de maintenir l'Afrique dans son rôle d'exportateurs de produits primaires dans l'économie politique mondiale et donc de consolider son statut de pays sous-développé et dépendant. Ce dont l'Afrique a besoin est une transformation politique et économique radicale.

Mais le problème est plus grand qu'il n'y paraît : l'insertion de l'Afrique dans le système capitaliste mondial et la tâche qui lui est assignée de produire des matières premières devant alimenter les industries dans le Nord industriel a impliqué son émergence en tant que continent de monoculture et d'orientation agraire, et donc le sous-développement de son potentiel capitaliste. Mais le développement du potentiel capitaliste de l'Afrique est effectivement bloqué, non seulement par la monoculture et la spécialisation agraire, mais aussi à travers les processus de marginalisation par le développement de la science, de la technologie et de la production qui tendent à déconnecter les économies industrielles des économies primaires. En somme, les produits primaires se voient remplacés par des matériaux synthétiques souvent plus solides, plus polyvalents et plus fonctionnels. Simultanément, le contenu en matières premières tend à diminuer dans le cadre d'un processus continu de dématérialisation. Les nations industrielles ne sont plus aussi dépendantes des produits primaires qu'elles ne l'étaient. La conséquence principale a été que les producteurs de produits primaires sont ébranlés, les prix des produits primaires s'effondrent, les recettes d'exportation s'amenuisent alors que les États africains sont noyés dans des dettes.

Cette configuration justifie la division Nord-Sud, la marginalisation de l'Afrique et, par-dessus tout, bloque la capacité de l'Afrique à se développer *dans* le système capitaliste mondial. Je n'entrerai pas dans le détail des arguments d'Hernando de Soto (2000) sur les raisons qui font que certains pays réussissent sur la voie capitaliste alors d'autres échouent. Ce dernier impute ceci à la structure juridique de la propriété. Toutes les nations développées d'aujourd'hui sont passées par la transformation d'un système de propriété à prédominance informelle, extralégal à un système formel de propriété unifié. Dans la vision de Soto nous n'avons pas créé en Afrique le système qui permet à la société de transformer la propriété en richesse.

Sur ce point, il faut faire remarquer à nouveau que l'intégration des économies coloniales de l'Afrique dans le système capitaliste mondial tard au XIX^e^ siècle et à l'aube du XX^e^ a eu deux effets contradictoires – l'Afrique est devenue une économie capitaliste périphérique en même temps que le sous-développement de son « potentiel capitaliste » a été consolidé. Pendant la période coloniale, les pays africains ont été soumis à une transition, passant de leurs diverses formations sociales précapitalistes aux organisations quasi capitalistes de production. Cette transition au capitalisme était incomplète et cette incomplétude était le résultat de ces mêmes structures du système capitaliste mondial qui ont empêché la formation d'un mode de production capitaliste développé dans les zones « périphériques ».

Il est important de mettre l'accent également sur le fait que les sociétés capitalistes périphériques sont sous-développées parce que les forces du changement libérées par leurs contacts avec les pays du centre capitaliste - notamment le développement de nouveaux groupes sociaux avec le potentiel de devenir des capitalistes nationaux et productifs - sont contraintes par l'extraversion de leurs économies. Cette nouvelle force sociale ne peut pas imiter le modèle de développement capitaliste dans le monde occidental. La structure du système capitaliste mondial, renforcée par la production mobilisée principalement pour l'exportation, les limite.

La situation est pire dans le cas des pays de la périphérie qui ont subi la domination coloniale. La raison en est qu'ils sont alors contraints par une structure étatique étrangère qui contrôle leur développement économique interne pour ses propres intérêts, ou tout au moins comme le soutient Howard, dans l'intérêt de sa propre bourgeoisie.

Pour conclure cet aspect, je dirai qu'une économie périphérique, qui a vécu la dépendance coloniale, est caractérisée par un haut niveau d'intégration dans le système capitaliste mondial mais un bas niveau de développement du mode de production capitaliste en interne. Quelles sont dès lors les options résiduelles, s'il y en a ?

## Les Options résiduelles : agenda pour le futur

La voie capitaliste, comme je l'ai montré, est bloquée et tout autre mouvement vers cette voie ne fera que consolider le statut périphérique, sous-développé et dépendant de l'Afrique. Qu'est-ce qu'il y a donc à faire ? De par le passé, l'Afrique a eu tendance à procéder de manière *ad hoc*, réagissant aux opportunités présentes mais menée tant bien que mal par les pressions de l'environnement interne et global dans ce qui s'est avéré un voyage sans carte pour une destination incertaine. Une vision est une exigence évidente mais elle doit être établie sans répéter les anciennes manières de faire. Des alternatives socioéconomiques et politiques viables, convaincantes et claires sont nécessaires. Ce dont l'Afrique a besoin en ce moment de l'histoire, c'est d'une stratégie de développement qui cherche quotidiennement à apporter des réponses aux besoins impérieux des populations. Elle doit être endogène et autosuffisante ; elle ne doit pas être menée par les prêts étrangers et la technologie étrangère, l'investissement étranger ou le commerce international ; elle doit compter sur un marché intérieur assuré et qui s'élargit graduellement ; elle doit éliminer la dichotomie entre l'industrie et l'agriculture, l'urbain et le rural et placer la priorité dans l'équilibre interne et l'auto-centrisme. C'est ce que j'appelle le *développement démocratique*.

Une stratégie de développement de ce genre nécessite des modalités de mise en œuvre radicalement différentes de celles qui ont actuellement cours. Elle aura besoin d'un grand nombre d'institutions à la base – des institutions pour le développement humain et leur capacitation, de sorte que les personnes ordinaires puissent gérer leur propre développement. Le développement démocratique mettra un accent particulier sur le développement humain, en renforçant la capacité des personnes à se développer d'elles-mêmes – éradication de l'analphabétisme, plus grands niveaux d'éducation, renforcement de la santé, développement des compétences, formation à la gestion, etc. Les nations de l'Asie de l'Est, comme la Corée du Sud, ont usé de cette démarche de développement humain à bon escient. Elles ont toutes lourdement investi dans le domaine de l'éducation notamment.

Par la suite, à supposer que l'Afrique adopte le principe du développement démocratique, le développement devra être initialement conçu comme un développement rural et plus précisément agricole. 70% environ des Africains sont des ruraux et gagnent leur vie à travers les activités agricoles (Ake, 2000). Une fois que le concept de développement est assimilé au concept de développement rural, la dichotomie traditionnelle entre l'agriculture et l'industrialisation n'aura probablement plus de raison d'être. En effet, sous un développement démocratique, une politique d'industrialisation rurale sera intégrée avec un développement agricole considéré comme un aspect de la stratégie générale de développement rural. Ceci pourrait être poursuivi essentiellement à travers l'autosuffisance entraînée par les revenus agricoles et l'effet multiplicateur stimulé par les liens existant entre les revenus agricoles et les revenus non-agricoles. Il y aura une expansion des liaisons en amont, en aval et au niveau de la demande des consommateurs. Ceci entraînera une plus grande intégration entre le développement urbain et le développement rural, laquelle accordera une attention spéciale au secteur informel qui a une taille vraiment énorme dans les pays africains. En somme, la stratégie du développement démocratique privilégiera clairement l'économie dans laquelle la majorité des populations africaines évolue.

Le principe de développement démocratique postule que les personnes ordinaires doivent « être en possession » de leur propre développement ; ce qui implique qu'elles doivent être ses agents, ses moyens ainsi que sa fin. Pour s'approprier leur développement, les peuples africains doivent accepter l'autosuffisance. Ils doivent avoir la volonté de prendre en charge leur propre développement même s'ils sont techniquement limités et pauvres car il n'y a pas d'autre moyen de s'approprier son développement. C'est seulement en étant en possession de leur développement, en étant leurs moyens et leur propre fin que les Africains pourront rompre avec les modes de développement en vigueur qui ont tendance à dénaturer le développement pour en faire un exercice d'aliénation.

L'alternative de développement que j'ai à l'esprit est ce que certains économistes politiques appellent le développement par le bas. C'est-à-dire le développement qui ne vient pas d'en haut, via l'État, mais par le bas, par les citoyens ordinaires à travers leur propre autopromotion. Elle appelle à un changement dans la stratégie d'accumulation de surplus. Ce qui implique ce que j'appelle la « promotion de la prospérité de masse » ou la démocratisation de la création et de l'accumulation de richesses. Ceci a été la stratégie suivie par la Chine depuis 1979. Elle repose dans l'utilisation des masses prospères comme point d'entrée de l'Afrique dans l'industrialisme. Elle fait essentiellement la promotion du développement par le bas, cette fois dans l'industrie, ce qui est le but ultime recherché lorsque dans un premier temps on laisse les paysans accumuler des surplus. L'exemple de la Chine démontre que ça fonctionne à merveille.

Ma conviction profonde est qu'un développement conduit par l'élite ne marchera jamais dans l'Afrique contemporaine. D'un point de vue global et historique, la conséquence sociale a toujours été l'inutile appauvrissement des millions de paysans pour enrichir quelques élites politiques et financières. Cette stratégie consistant à permettre aux paysans et producteurs de biens primaires (*primary producers*) de devenir prospères grâce à leurs propres efforts, d'accumuler des richesses, est ce que j'appelle, faute d'un meilleur terme, la politique de la « liberté de prospérer ». Une fois cette décision prise, une redistribution massive favorisant les sections productives de la société, la paysannerie par exemple, est le résultat attendu. Ce que tous les organismes étatiques devront faire est de guider les richesses créées dans des zones industrielles stratégiques du point de vue de la production d'une richesse nationale plus large, comme font les Chinois depuis plus de trois décennies. Les États d'Afrique, tels qu'ils sont actuellement constitués, ne développeront jamais le continent. Seuls les peuples peuvent le faire. L'État crée les conditions de la prospérité et de la création de la richesse, met cette richesse dans l'industrialisme puis cède le terrain. Les peuples africains feront le reste.

Comme indiqué précédemment, il est trompeur de dire que le développement a échoué en Afrique. Un développement a sans doute échoué en Afrique mais c'est le développement qui n'a tout d'abord jamais commencé, en raison de conditions politiques incapacitantes. Il peut commencer et il peut réussir. Ce qui est nécessaire, c'est un paradigme entièrement nouveau avec de nouvelles stratégies ou de nouveaux modèles qui soient en phase avec les aspirations démocratiques des peuples et leurs besoins sociaux – le développement démocratique : un paradigme, dont la stratégie fait des Africains les agents, les moyens et la fin du développement, qui prend place dans leur environnement immédiat. Les peuples africains doivent se développer d'eux-mêmes ou ne se développeront pas du tout.

## RÉFÉRENCES

Akbar, N., Botchwey, K., Stein H. and Stiglitz, J. E. (2012) *Good Growth and Governance in Africa. Rethinking Development Strategies,* Oxford University Press.

Ake, C. (2000) *The Feasibility of Democracy in Africa,* Dakar, Codesria.

--- [1996] *Democracy and Development in Africa,* Ibadan: Spectrum Books, 2001.

Baah, A. (2003) "History of African Development Initiatives", paper presented at Africa Labour Research Network Workshop Johannesburg 22 -23 May 2003.

Bairoch, P. (1993) *Mythes et Paradoxes de l'histoire économique,* La Découverte, 2005.

Bennaars, G. A. (1993) *Ethics, Education and Development. An Introductory Text for Students in Colleges and Universities*, Nairobi: East African Educational Publishers Ltd.

Chang, H-J. (2002) *Kicking Away the Ladder. Development Strategy in Historical Perspective*, London: Anthem Press.

Crotty, J. (2000) "Structural Contradictions of Current Capitalism. A Keynes-Marx-Schumpeter Analysis", papier présenté à la Conférence sur le thème "Globalization, Structural Change and Income Distribution", tenue à Chennai (Inde) en décembre 2000.

De Soto, H. (2000) *Le mystère du capital : Pourquoi le capitalisme triomphe en Occident et échoue partout ailleurs* , Flammarion, 2005.

Escobar, A. (1995) *Encountering Development: The Making and Unmaking of the Third World*, Princeton: Princeton University Press.

Howard, R. E. (1978) *Colonialism and Underdevelopment in Ghana*, London: Croom Helm.

Hyden, G. (1980) *Beyond Ujaama in Tanzania underdevelopment and an uncaptured peasantry*, Berkeley and Los Angeles: University of California Press.

Inikori, J. (2002) *Africans and the Industrial Revolution in England. A Study in International Trade and Economic Development*, Cambridge University Press.

Lewis, A W. (1954) "Economic Development with Unlimited Supplies of Labor", *Manchester School of Economic and Social Studies*, 22 (2): 139-91.

Lewis, A. W. , Some aspects of economic development, Published for the University of Ghana by the Ghana Pub. Corp.,1969.

Nnaemeka, A. N. (2009) "Towards an Alternative Development Paradigm for Africa", *Journal of Social Sciences*, 21 (1): 39-48.

Rodney, W. A. (1972) *Et l'Europe sous-développa l'Afrique : Analyse historique et politique du sous-développement,* L'Harmattan, 1986.

Rostow, W.W. (1960) *Les étapes de la croissance économique : un manifeste non-communiste*, Economica, 1997.

Sen, A. (1999) *Un nouveau modèle économique : développement, justice, liberté*, Odile Jacob, 2000.

Smith, A. [1776], Enquête sur la nature et les causes de la richesse des nations, traduit de l'anglai

## CHAPITRE 4

# REPENSER LE DÉVELOPPEMENT DE L'AFRIQUE : UN PROGRAMME DE GOUVERNANCE SENSIBLE AU GENRE

*Kehinde Olusola Olayode*

Le maillon manquant dans la promotion de l'égalité de genre en Afrique est la compréhension réelle des relations entre les inégalités de genre et le développement de l'Afrique ainsi que la formulation de stratégies et de politiques qui reflètent ces relations. L'égalité de genre a une valeur intrinsèque qui produit des résultats positifs en matière de développement. Ainsi, dans la recherche d'alternatives pour le développement de l'Afrique, les défis consistent à promouvoir un développement fondé sur l'égalité de genre et la pleine participation des hommes et des femmes, quelles que soient leurs caractéristiques ou origines sociales. Il ne pourrait y avoir aucune alternative pertinente pour l'Afrique sans la promotion de l'égalité de genre. Les femmes africaines qui constituent plus de la moitié de la population doivent être comptées comme des partenaires de développement à part entière, si l'on veut obtenir des résultats positifs dans le domaine du développement. Il est donc urgent de cibler les politiques de développement, car le genre est une question de développement et un objectif de développement à part entière.

Le continent africain est doté de ressources en abondance – naturelles, culturelles et humaines. Cependant, ses populations demeurent pauvres – les femmes étant les plus durement touchées. La pauvreté de ces dernières est due en partie aux inégalités sociales et au manque d'opportunités auxquelles elles sont confrontées du seul fait qu'elles sont femmes. Des données empiriques montrent que 60% des Africains vivent en deçà du seuil de pauvreté, et pour beaucoup d'entre eux avec moins de deux dollars par jour. Le chômage et le sous-emploi concernent la majeure partie de la force de travail (Aina, 2008). Les femmes sont les plus exposées principalement parce qu'elles n'ont pas accès à des ressources essentielles – l'éducation, le capital, les compétences entrepreneuriales et plus important, le manque de contrôle sur l'utilisation de leur temps précieux. Ainsi, le pourcentage des femmes demeure majoritaire parmi les plus pauvres, tandis que la pauvreté semble avoir un visage féminin.

Bien que l'inégalité de genre existe à des degrés divers dans la plupart des sociétés du monde, la combinaison des effets ravageurs de la pauvreté, de la discrimination et du manque d'opportunités affecte les femmes africaines de façons multiples, depuis leur situation économique (niveaux de revenus, droits à la propriété, accès aux finances) jusqu'à leur bien-être social (accès aux services de santé et à l'éducation), à leurs perspectives en termes de meilleures conditions de vie (fardeau des travaux domestiques, capacité à obtenir un emploi salarié ou un emploi indépendant).

Une autre conséquence négative de ces contraintes se reflète dans la faible participation des femmes à la prise de décision nationale et régionale. Leur invisibilité dans les statistiques nationales et leur faible participation à la planification du développement signifient que les questions qui les préoccupent sont négligées dans la conception et la mise en œuvre de nombreux programmes et politiques de développement.

La discrimination fondée sur le genre dans l'accès et le contrôle des ressources telles que la terre, les intrants agricoles, les services de vulgarisation et l'emploi persistent dans de nombreux pays africains où les femmes jouissent de droits de propriété foncière par le biais de leur mari tant que dure le mariage. Elles perdent généralement ces droits avec le divorce ou le veuvage. Parce que les femmes sont le pilier de l'agriculture, les inégalités entre les sexes en matière d'accès à la terre et aux intrants agricoles réduisent la productivité agricole. L'agriculture est un secteur très important de l'économie africaine, employant environ 60% de la population et représentant un pourcentage non négligeable du PIB. Une faible productivité agricole réduit donc la croissance et la sécurité alimentaire, augmentant ainsi la vulnérabilité et la pauvreté de la population (PNUD, 2008). En raison de leur faible niveau d'instruction, les femmes et les filles sont surtout présentes dans les emplois peu qualifiés et faiblement rémunérés.

La Banque mondiale a identifié l'égalité de genre et la capacitation des femmes (en anglais GEWE, pour *gender equality and women empowerment*) comme l'un des éléments essentiels de l'objectif fondamental de développement et la réduction de la pauvreté. La promotion de la capacitation des femmes en tant qu'objectif de développement est fondée sur un double argument : la justice sociale est un aspect important du bien-être humain et mérite absolument d'être poursuivie ; la capacitation des femmes est un moyen d'atteindre d'autres objectifs. À titre d'exemple, un rapport de recherche publié par la Banque mondiale (2000) identifie l'égalité de genre à la fois comme un objectif de développement en soi, et un moyen de promouvoir la croissance et une meilleure gouvernance, et de réduire la pauvreté. Une double justification similaire du soutien de la capacitation des femmes a été articulée dans les déclarations tenues lors de plusieurs conférences internationales de haut niveau pendant la décennie écoulée (par exemple, le Programme d'action de Beijing, la déclaration et résolution de Beijing+5, le programme d'action du Caire, la Déclaration du Millénaire et la Convention sur l'élimination de toutes les formes de discrimination à l'égard des femmes (CEDAW en anglais).

Alors que la « variable genre » entre dans l'équation du développement, l'attention porte désormais sur une meilleure compréhension des relations entre les sexes, en particulier la répartition inégale du pouvoir entre les femmes et les hommes dans toutes les sociétés. L'égalité de genre n'ignore pas les différences biologiques entre les hommes et les femmes (en particulier dans les rôles reproductifs), mais aide plutôt à apprécier le caractère unique de chaque genre et l'importance à inscrire sur l'agenda du développement les besoins et priorités différents des femmes et des hommes et, ainsi, à mettre l'accent sur les différences entre les genres dans les dispositifs sociaux, l'équité de genre et la justice sociale – qui sont au cœur du développement durable. Selon un Rapport du PNUD (1995), « *le développement, s'il n'est pas en-gendré, est en danger* » (“*development that is not engendered is endangered*”). Par conséquent, intégrer la dimension du genre dans le développement national revient à s'assurer que les hommes et les femmes sont libres de développer leurs aptitudes personnelles et de faire leurs propres choix, sans qu'ils ne soient bridés par les rôles rigides découlant du genre. Il en résulte que tout pays qui veut atteindre un développement durable doit valoriser et protéger de façon égale les besoins et intérêts des femmes et des hommes.

L'intégration de perspectives de genre dans la gouvernance non seulement facilite l'amélioration de la situation des femmes et une plus grande égalité du point de vue du genre, mais contribue également à des résultats positifs dans la réalisation de l'objectif de bonne gouvernance. La gouvernance sensible au genre est cruciale pour l'atteinte des objectifs de réduction de la pauvreté en Afrique. Les importantes différences en termes de participation, d'opportunités et de résultats entre différents groupes de la société, y compris entre les femmes et les hommes, constituent un facteur essentiel qu'il convient de traiter dans les stratégies de réduction de la pauvreté. Il est préoccupant de constater que l'attention portée à la gouvernance continue d'être, dans une large mesure, uniquement centrée sur les aspects politiques, négligeant l'importance de la capacitation sociale et économique et de l'égalité entre les femmes et les hommes pour le développement durable (Ashworth, 1994).

Le présent chapitre traite du lien entre la gouvernance sensible au genre et la problématique du développement en Afrique. Il tente de répondre aux questions suivantes : dans la prise de décisions et de mesures relatives à la gouvernance, les besoins et les priorités différents des femmes sont-ils pris en compte ? Quelles sont les diverses composantes de la gouvernance sensible au genre ? Comment la dimension du genre pourrait-elle être intégrée dans les questions relatives à la gouvernance et au développement ?

## CLARIFICATIONS CONCEPTUELLES

### *Genre et sexe*

Le genre fait référence aux femmes et aux hommes, et aux rapports qui existent entre eux. La promotion de l'égalité de genre devrait donc concerner et impliquer les hommes comme les femmes. Le genre renvoie aux rôles socialement construits ainsi qu'aux comportements et attentes socialement acquis associés à la masculinité et à la féminité. Les hommes et les femmes sont différents sur le plan biologique. Mais chaque culture interprète à sa façon ces différences biologiques innées et élabore en conséquence un ensemble d'attentes sociales, lesquelles déterminent les comportements et les activités appropriés, ainsi que les droits, les ressources et le pouvoir que chacun possède (Banque mondiale, 2001). Le sexe se réfère aux caractéristiques biologiques qui distinguent les êtres humains entre femelles et mâles (March *et al.*, 1999). Le sexe est déterminé à la naissance et est relativement fixe ; il ne change pas au fil du temps, ni d'un pays à l'autre et d'une culture à l'autre. Les rôles découlant du genre (*gender roles*) sont appris à travers les processus de socialisation ; ils ne sont pas fixes mais peuvent évoluer. Les rôles découlant du genre ne sont pas biologiquement déterminés mais varient selon la culture et l'époque, et même au cours de la vie d'un individu.

***Gouvernance***

Alors qu'il n'y a pas de définition de la gouvernance acceptable par tous, ce terme renvoie essentiellement à la manière dont le pouvoir est exercé et distribué dans la société ; comment les décisions sont prises et dans quelle mesure les citoyens ont voix au chapitre. La gouvernance est essentiellement le système de processus, de mécanismes et d'institutions à travers lequel les sociétés organisent les interactions des citoyens entre eux et avec leurs dirigeants, et opèrent des choix entre leurs intérêts souvent conflictuels et pour satisfaire leurs différents besoins. Elle aborde des questions telles que l'interaction entre l'État et la société civile, le cadre juridique, l'administration publique, le développement économique, les politiques de développement, la paix et la sécurité. La gouvernance est caractérisée, entre autres, par l'efficacité, la transparence, la responsabilité, la prévisibilité, l'intégrité, l'équité et la participation.

La gouvernance est supposée être neutre sur le plan du genre. Cependant, de manière générale, le discours, les procédures, les structures et les fonctions de la gouvernance continuent de pencher fortement en faveur des hommes. Ce partage inégal de pouvoir entraîne un partage inégal de ressources – temps, revenus et propriété – entre les hommes et les femmes. Les conséquences de cette mauvaise répartition sont évidentes dans le nombre aussi élevé que disproportionné de femmes analphabètes et de femmes vivant dans une extrême pauvreté. Pour corriger ces inégalités, il faut une analyse sexospécifique (*gendered analysis*) des processus et des structures de gouvernance. Une telle analyse suggère que la famille (ou le ménage) et la communauté sont des sites de gouvernance, dans la mesure où ce sont des espaces d'interactions et d'exercice du pouvoir.

***Gouvernance sensible au genre***

La gouvernance sensible au genre fait référence à l'égalité des hommes et des femmes dans la participation à la prise de décisions, la représentation dans la gouvernance et l'accès aux avantages et opportunités. Ainsi, dans l'élaboration de politiques et programmes, il convient d'avoir à l'esprit une perspective d'intégration du genre afin d'assurer une représentation équilibrée, d'éliminer les obstacles à la participation des femmes et d'assurer l'intégration des questions et préoccupations liées au genre dans la prise de décision, la mise en œuvre, le suivi et l'évaluation de toutes les initiatives en matière de gouvernance. Une analyse sexospécifique de la gouvernance met en relief l'interdépendance cruciale entre la participation, la représentation et la réceptivité (*responsiveness*). La participation équilibrée est une étape importante vers l'amélioration de la qualité de la gouvernance. Pour qu'elle se produise, il faut une inclusion sociale bien conçue et des politiques axées sur l'équité dans tous les domaines, utilisées par une masse critique de femmes et d'hommes orientés vers l'équité sociale qui devraient occuper des positions clés au sein du pouvoir judiciaire, et des fonctions exécutives et législatives au sein de l'État (European Commission, 1992).

La gouvernance sensible au genre vise à assurer l'égalité des femmes et des hommes dans l'accès et le contrôle des ressources et services. L'intégration d'une approche genre dans la politique, la planification et la gestion rendront le développement non seulement plus équitable mais aussi plus efficace. Par conséquent, l'allocation de ressources aux femmes peut bénéficier à un champ de développement plus large dans lequel les intérêts des hommes et des femmes sont servis d'une façon plus équilibrée. Faire accéder les femmes à la fonction publique et à la bureaucratie est aussi une composante vitale de l'intégration du genre dans la gouvernance (Sen et Grown, 1988).

## GENRE ET PROGRAMME DE DÉVELOPPEMENT DE L'AFRIQUE : DÉFINIR LE PROBLÈME

Promouvoir l'égalité de genre et la capacitation des femmes est essentiel pour la réalisation du développement humain, de l'éradication de la pauvreté et d'une croissance économique soutenue sur le continent africain. La persistance des disparités entre les femmes et les hommes dans l'accès aux ressources et leur contrôle, ainsi que la discrimination ouverte à l'égard des femmes à travers l'histoire, sont maintenant considérées comme un obstacle majeur dans le cadre des programmes de développement nationaux et internationaux (González *et al.*, 2000). Les restrictions séculaires imposées aux choix et aux perspectives de vie des femmes entravent non seulement la croissance mais également le développement des nations. Il n'est pas étonnant de constater que les pays présentant des disparités considérables entre les hommes et les femmes affichent de faibles indicateurs de croissance et de bien-être – une mauvaise alimentation, un taux de mortalité maternelle élevé, un taux de mortalité infantile élevé, un taux de pauvreté élevé, une faible espérance de vie, un faible niveau d'éducation, un fort taux de prévalence du VIH/Sida, autant de facteurs symptomatiques du sous-développement (Banque mondiale, 2002). Il est important de souligner que la réalisation de l'égalité de genre est liée à tous les autres objectifs du développement durable, notamment la bonne gouvernance, la réduction de la pauvreté, la durabilité environnementale et les droits de l'homme.

À seulement trois ans de 2015, date butoir des Objectifs du millénaire pour le développement (OMD), de nombreux États africains continuent de faire face à des crises, notamment le niveau de pauvreté élevé, la corruption, la mauvaise gouvernance, des indicateurs peu reluisants dans le domaine de la santé, les dégradations environnementales, l'érosion des systèmes éducatifs, les crises économiques et, pire encore, les conflits violents. Au cœur du débat sur le développement de l'Afrique figure la problématique du genre et, en particulier, le statut de la femme africaine. Il est généralement admis à présent que l'atteinte de tous les autres OMD repose sur la réalisation de l'Objectif 3 – « promouvoir l'égalité de genre et l'autonomisation (*empowerment*) des femmes ».

Promouvoir l'égalité de genre dans la formulation, la mise en œuvre, le suivi et l'évaluation de politiques est une obligation si l'on veut soustraire l'Afrique à la pauvreté et au sous-développement. Pour ce faire, le genre doit être considéré comme une catégorie d'analyse aux niveaux théorique, conceptuel et empirique de toute formulation de politique en Afrique. L'évaluation de la mise en œuvre des OMD à trois ans de l'expiration de la date limite montre qu'au moment où toutes les autres régions font des progrès, les pays d'Afrique subsaharienne sont à la traîne et ne vont probablement pas atteindre les OMD dans le délai convenu (Olayode, 2011).

Une autre facette des relations entre genre, pauvreté et développement en Afrique réside dans les inégalités entre les hommes et les femmes du point de vue de la division du travail. Dans les pays africains comme dans la plupart des pays à travers le monde, les femmes et les filles sont les principales responsables du travail domestique de soins et d'entretien des membres de la famille ; en d'autres termes, elles fournissent la main-d'œuvre et le capital humain essentiels au fonctionnement de l'économie et de la société. Compte tenu de l'absence voire du caractère rudimentaire des infrastructures sociales de base telles que l'eau, l'énergie et le transport, les femmes africaines passent de longues heures à chercher de l'eau, collecter du bois et préparer les repas. La charge de travail des femmes entraîne un manque de temps et d'énergie, du fait de leurs responsabilités sociales qui les obligent à accomplir simultanément des tâches reproductives, productives et communautaires. Elles doivent en outre faire des arbitrages entre ces tâches. Le travail domestique important des femmes – et leur contribution à la production des ménages et à l'économie – n'est non seulement pas rémunéré, mais encore il n'est ni mesuré ni pris en compte dans la comptabilité nationale. Il en résulte que leurs besoins cruciaux relatifs au fardeau du travail non rémunéré sont ignorés dans les processus d'élaboration et de mise en œuvre des politiques.

Bien que la participation des femmes à l'économie de marché se soit accrue, notamment dans le secteur informel, leur charge de travail domestique n'a pas baissé concomitamment. Des activités comme fournir des soins aux enfants et aux personnes âgées du ménage, faire la cuisine et le ménage, aller chercher de l'eau et du bois, et gérer le ménage en général continuent d'incomber principalement aux femmes. Ainsi, l'existence d'obstacles liés au genre peut bloquer le potentiel économique des femmes vu leur effet négatif sur le développement des entreprises, la productivité et la compétitivité (Aina et Olayode, 2011).

La pauvreté de masse reste le défi majeur posé aux efforts de développement en Afrique. Ce qui se traduit, entre autres, par le chômage, la malnutrition, l'analphabétisme, le statut inférieur des femmes, la dégradation de l'environnement et l'accès restreint aux services sociaux et sanitaires, y compris les services de santé de la reproduction (voir encadré ci-dessous). Il résulte de ces situations, alimentées par la pauvreté, des taux élevés de fécondité, de morbidité et de mortalité, et une faible productivité économique. La croissance économique et le développement soutenus sont essentiels pour l'éradication de la pauvreté et, plus important, la capacitation des femmes est considérée à présent comme un point d'entrée de l'égalité de genre dans la société. Il est essentiel de se focaliser sur l'égalité de genre pour une analyse adéquate des causes et impacts de la pauvreté et l'identification de stratégies efficaces pour l'éradiquer. L'attention accordée à la dimension du genre, y compris la participation équitable des femmes, est centrale de ce point de vue (Aina, 2008).

**Encadré :** quelques faits saillants concernant les femmes :

- les femmes africaines détiennent moins de 1% des terres du continent ;
- les femmes agricultrices perçoivent seulement 1% du montant total des crédits alloués à l'agriculture ;
- en moyenne, la journée de travail d'une femme africaine est de 50% plus longue comparée à celle d'un homme ;
- seules 51% des femmes de plus de 15 ans en Afrique savent lire et écrire contre 67% des hommes ;
- trois quarts des Africain(e)s âgés de 15 à 24 ans séropositifs sont des femmes ;
- une femme africaine enceinte a 180 fois plus de chances de mourir de complications liées à l'accouchement qu'une femme occidentale ;
- l'accès restreint à l'éducation et à l'emploi pour les femmes africaines réduit le taux de croissance annuel par habitant de 0,8%. Si cette croissance avait eu lieu, la taille des économies africaines aurait doublé en trente ans.

**Source : Forum pour le partenariat avec l'Afrique, 2007.**

## Genre et développement : de l'approche WID à l'approche GAD

Les premiers efforts visant à intégrer la problématique des femmes dans le processus de développement ont eu tendance à se concentrer exclusivement sur les femmes. C'est le cas de l'approche WID (*Women in Development*) des années 1970 (autrement dit, le paradigme de la capacitation des femmes). Mis à part le mouvement féministe des années 1960 en Europe et en Amérique, la première pression politique internationale en faveur de l'agenda de l'intégration des femmes au développement est venue des Nations unies, à travers l'Année internationale de la femme (1975) et la Décennie internationale de la femme (1976-1985), qui ont abouti à la création de ministères de la Femme dans beaucoup de pays membres et l'adoption de politiques WID par les organismes donateurs, les gouvernements et les ONG (Martinussen, 1997).

L'approche WID considérait les femmes comme des ressources économiques négligées, ignorées ou reléguées dans le secteur non-productif comme pourvoyeuses de soins et ménagères. Les partisans de

WID soutenaient que si les femmes étaient intégrées dans les processus de développement, elles amélioreraient le développement économique d'un pays. L'approche WID a été adoptée par l'ensemble des donateurs et des ONG et prise en compte dans la conception des interventions de projets comme le microcrédit, l'éducation et la technologie, afin d'améliorer la condition et les moyens d'existence des femmes. Les projets de microcrédit étaient souvent conçus et mis en œuvre avec un fort accent placé sur l'approche WID, notamment par des ONG comme la Grameen Bank, dans le but d'accroître les rôles productifs des femmes. Bien que cette approche ait accordé une attention particulière au rôle des femmes dans les processus de développement, elle ne remettait pas en cause les structures sociales sexistes existantes ni ne menaçait de changer fondamentalement la domination et le pouvoir masculins. En conséquence, les projets des femmes étaient souvent promus isolément ou en tant que sous-projets d'intérêt particulier arrimés à des interventions classiques de développement.

Bien que l'approche WID ait ouvert quelques perspectives aux femmes, elle n'a pas placé les questions féminines au cœur du discours sur le développement. Au fur et à mesure qu'il devenait évident que les femmes et les hommes devaient être impliqués dans la fixation des objectifs et programmes de développement, l'insuffisance constatée dans l'approche WID entraînait un changement de paradigme (l'évolution vers l'Approche Genre et développement – *Gender And Development*).

L'approche WID était de plus en plus critiquée parce qu'elle n'essayait pas de changer les préjugés socioculturels sexistes existants. En outre, les projets spécifiques aux femmes ne se traduisaient pas toujours par de meilleures conditions économiques, même pour les femmes elles-mêmes. Par exemple, la plupart des projets générateurs de revenus se sont avérés inefficaces ; de même les projets de production/technologie ciblés sur les femmes ont souvent alourdi, plutôt qu'ils n'ont allégé, la charge de travail des femmes, et impliqué des arbitrages entre les autres responsabilités. En conséquence, au milieu des années 1980, le concept de Genre et Développement est apparu comme le successeur de l'approche WID, avec une plateforme sous-jacente qui consiste à s'attaquer ouvertement aux déséquilibres entre les sexes.

L'approche GAD aborde les besoins et les priorités des femmes et des hommes tout en analysant les résultats du développement en se fondant sur des facteurs comme le sexe, l'âge, la situation matrimoniale, la religion, l'origine ethnique et la classe sociale. Les femmes (ou les hommes) ne sont plus traités comme un groupe homogène, tandis que les inégalités structurelles sous-jacentes des sociétés sont traitées comme des variables importantes qui ne cessent de façonner les expériences des hommes et des femmes dans les sociétés.

Contrairement à l'approche WID, l'approche GAD ne met pas exclusivement l'accent sur les femmes, mais examine la construction sociale du genre ainsi que l'assignation de rôles, de responsabilités et d'attentes spécifiques aux femmes et aux hommes. L'approche GAD vise à comprendre la dynamique de pouvoir entre les hommes et les femmes dans différents contextes, en soutenant que seule la compréhension des rapports de pouvoir entre les sexes peut permettre au développement d'accroître les capacités des femmes et, partant, de créer un changement socioéconomique positif et durable (Pettman, 2004).

Malgré le changement de paradigme, les programmes nationaux de développement sont toujours orientés par les principes de « capacitation des femmes » et d' « égalité de genre ». Alors que l'« égalité de genre » demeure une fin en soi, le programme de « capacitation des femmes » est toujours un point d'entrée dans ce processus. Dans la praxis du développement, l'égalité de genre continue d'être un moyen d'arriver à une fin, à savoir le développement humain durable. Avec l'introduction des Objectifs du millénaire pour le développement, une attention plus soutenue est accordée aux politiques sensibles au genre au niveau global et local. L'OMD 3 visant à promouvoir l'égalité de genre et l'autonomisation des femmes a non seulement une valeur intrinsèque mais est aussi central à la réalisation de tous les autres OMD.

Toutefois, alors que la théorie et la pratique féministes en cours depuis plus de trois décennies ont été systématiquement critiquées, revues et reconstruites, le débat vif sur la « race », la classe, l'impérialisme et d'autres inégalités structurelles étroitement liées semble avoir très peu imprégné le domaine du GAD. Ainsi, bon nombre des prescriptions et pratiques associées au GAD continuent d'être sous-tendues par des hypothèses universalistes concernant les femmes, les hommes et les relations entre les genres. L'approche GAD a servi à faire taire la contestation plutôt qu'à apporter le soutien nécessaire aux femmes qui souhaiteraient remettre en question le *statu quo*.

Mettre en question et éventuellement transformer les relations de pouvoir existantes comme préconisé par le paradigme GAD implique non seulement la capacitation mais aussi la résistance : les deux sont inextricablement liées. Le plus souvent, cette résistance va directement à l'encontre du modèle néolibéral, car elle exige la redistribution des ressources, la remise en question du fonctionnement des marchés et des modes d'organisation contre la répression étatique. Concevoir la capacitation de la sorte, c'est faire apparaître la contradiction au cœur des interventions du développement néolibéral dans ce domaine : malgré tout ce qui a été dit au sujet de la capacitation, il existe peu d'organismes de développement qui seraient prêts à soutenir la mobilisation des femmes à ces fins. Lorsque les femmes s'engagent dans les luttes pour le changement, elles prennent part à un processus visant à contester et à changer les normes mêmes de comportement qui sont renforcées par le développement néolibéral.

## REMETTRE EN QUESTION LES PARADIGMES NÉOLIBÉRAUX

Les modèles néolibéraux de croissance induite par le marché, assortis de certains choix de politique économique et commerciale, se sont avérés problématiques pour la majorité de la population mondiale, en particulier les femmes rurales et leurs communautés. Ces choix politiques supposent que le libre-échange, la libéralisation de l'investissement, la dérégulation du secteur privé et des systèmes financiers, ainsi que la privatisation des entreprises et services publics entraîneraient une croissance économique soutenue et de meilleures capacités productives, autant de facteurs qui déboucheraient sur de plus grandes possibilités d'emploi, l'amélioration de la sécurité alimentaire et une meilleure qualité de vie dans l'ensemble. Or, les résultats de ces choix politiques – généralement qualifiés de « neutres du point de vue du genre » – ont été mitigés, les femmes et les hommes ayant été différemment impactés par la distribution des principales ressources économiques et financières par le biais des marchés et des interventions étatiques qui sont tout sauf exemptes de sexisme (Nations unies, 2009).

La montée des politiques néolibérales au cours des vingt-cinq dernières années s'est traduite par la domination de la logique marchande, une plus grande ouverture aux échanges et investissements internationaux, la réduction du rôle de l'État, la privatisation et l'accent sur la responsabilité individuelle plutôt que collective. Ainsi, le monde va vers une inégalité et une injustice accrues au sein des États et entre eux, et entre les femmes – même si dans certains contextes les femmes sont parvenues à un certain niveau d'égalité avec les hommes. Dans le contexte d'inégalité croissante partout dans le monde, le chemin qui mène à l'égalité de genre devient plus ardu.

Alors que les politiques commerciales néolibérales ont tendu vers la promotion des exportations ces dernières décennies, un certain nombre de facteurs comme la concurrence accrue sur le marché mondial et la suppression des barrières tarifaires et d'autres taxes commerciales ont entraîné une baisse des revenus générés par le commerce international. En même temps, les politiques fiscales se sont concentrées sur la gestion de la dette et la stabilisation budgétaire, entraînant une réduction des dépenses publiques et l'adoption de tarifs plus élevés pour les usagers de l'infrastructure rurale et des services publics essentiels (par exemple, les soins de santé et les services sociaux). Des budgets publics restreints ou en baisse ont, à leur tour, rendu ces services moins accessibles aux femmes vivant en milieu rural, tout en augmentant en même temps leur charge de travail non-rémunéré lié aux soins et réduisant en conséquence le temps qu'elles pourraient investir dans des activités économiques. Il en est résulté un fossé grandissant entre ceux qui ont des moyens pour payer des services de base et ceux qui sont dépourvus des possibilités matérielles nécessaires pour y accéder.

Les politiques néolibérales ont donné lieu à ce que les critiques appellent une « féminisation » de la main-d'œuvre, assortie d'une dégradation des conditions de travail – précarisation, flexibilisation, violation des normes internationales du travail et bas salaires (Moghadam, 2005). En outre, les programmes de lutte contre la pauvreté qui sont apparus en partie pour atténuer les effets des réformes économiques néolibérales ont nettement tendance à reproduire et à renforcer des notions profondément conservatrices de féminité et de rôle des femmes au sein de la famille (Molyneux, 2006).

Prenant le cas spécifique du Nigéria, la politique économique néolibérale poursuivie par le gouvernement avait de nombreuses implications pour les femmes rurales. À titre d'exemple, avec la suppression continue des subventions réelles ou imaginaires sur les produits pétroliers, le kérosène, généralement utilisé par les femmes rurales à des fins domestiques, est devenu un produit rare que ces dernières ont eu du mal à se procurer. Beaucoup d'entre elles se sont tournées vers l'utilisation du charbon et du bois de chauffage comme alternatives pour la cuisine. Ainsi, dans les foyers, les femmes et les jeunes filles dépensent plus de temps et d'énergie à chercher du bois de chauffage pour faire la cuisine ; le charbon de bois étant une alternative non seulement fastidieuse mais dangereuse.

En effet, les stratégies de réduction de la pauvreté du gouvernement sortant d'Olusegun Obasanjo (1999-2007), telles que NEEDS 2004 (*National Economic Empowerment Development Strategy*) et SEEDS 2005 (*State Economic Empowerment and Development Strategy*), n'ont pas amélioré la situation des femmes nigérianes en milieu rural, car leur mise en œuvre s'est heurtée à de nombreuses difficultés. Le document NEEDS/SEEDS semble considérer le développement agricole uniquement du point de vue de l'industrie agroalimentaire. Il n'y a pas de politique indiquant comment l'agriculture pourrait permettre la capacitation des femmes, comment les agriculteurs pourraient définir eux-mêmes des pratiques agricoles qui soient respectueuses de l'environnement et culturellement adaptées aux spécificités de leurs situations. Rien n'est dit non plus de la capacité des agriculteurs à faire des choix éclairés, lesquels sont essentiels pour le succès de l'agriculture.

La plupart des femmes qui travaillent en milieu rural relèvent de la main-d'œuvre familiale non-rémunérée ou des travailleuses indépendantes, généralement dans des emplois mal rémunérés (BIT, 2009), puisqu'elles cherchent à fournir des biens et services pour la consommation familiale et aussi la vente sur les marchés locaux ou les marchés périurbains et urbains. En outre, le temps qu'elles peuvent consacrer aux activités marchandes est souvent limité, en comparaison avec les hommes (FAO *et al.*, 2010). Souvent, les femmes rurales sont considérées comme jouant un rôle de « soutien » plutôt que comme étant actives en tant qu' « agricultrices » ou « employées » de plein droit.

## L'ENVIRONNEMENT POLITIQUE EN AFRIQUE ET LA GOUVERNANCE SENSIBLE AU GENRE

Avec la participation proactive des pays africains aux divers évènements et initiatives régionaux et internationaux visant à promouvoir l'égalité de genre, depuis la Conférence mondiale sur les femmes qui s'est tenue à Beijing en 1995 et l'adoption du programme d'action de Beijing, le projet d'égalité de genre a gagné en envergure en Afrique. Pour mettre en œuvre ces plateformes, les dirigeants africains ont établi des résolutions et mécanismes régionaux pour traduire leurs engagements en actes : la Déclaration solennelle sur l'égalité de genre en Afrique, adoptée par les Chefs d'État et de gouvernement africains, qui oblige les États à respecter des exigences normatives concernant les droits humains des femmes ; le Protocole à la Charte africaine des droits de l'homme et des peuples relatif aux droits de la femme en Afrique ; la parité entre les sexes de la Commission de l'Union africaine ; et le Nouveau partenariat pour le développement de l'Afrique (NEPAD) adopté en 2001 par les chefs d'État et de gouvernement africains, qui énonce l'égalité de genre comme l'un des principes fondamentaux qui sous-tendent la nouvelle vision stratégique pour le développement à long terme du continent.

Le Protocole relatif aux droits de la femme en Afrique est un protocole à la Charte africaine des droits de l'homme et des peuples (CADHP). Adopté en juillet 2003 à Maputo, il réaffirme l'engagement des Africains envers la protection des droits de la femme, telle qu'inscrite dans les principaux instruments internationaux sur les droits de la personne (Union africaine, 2003). Le Protocole adopte la discrimination positive (*affirmative action*) pour promouvoir la participation des femmes sur un pied d'égalité, y compris leur représentation égale dans les fonctions élues, et appelle à l'égalité de représentation des femmes dans le pouvoir exécutif et dans les organismes chargés de l'application de la loi (Union africaine, 2003). En outre, la création de l'Union africaine qui, en vertu de son Acte constitutif, s'est engagée à promouvoir le principe de l'égalité de genre, offre d'autres possibilités pour institutionnaliser l'intégration de la dimension du genre et la participation politique accrue des femmes africaines aux processus décisionnels régionaux.

La Convention sur l'élimination de toutes les formes de discrimination à l'égard des femmes (CEDAW) et son Protocole facultatif promeuvent l'égalité de genre dans l'accès aux opportunités sociales et économiques et au pouvoir politique. En tant que premier traité international abordant ouvertement les droits de la femme, il prévoit l'élimination de la discrimination faite aux femmes dans tous les domaines, notamment politiques, sociaux, économiques et culturels, par une série d'interventions juridiques et politiques.

Bien que la plupart des gouvernements africains aient adopté des instruments internationaux et régionaux et des résolutions qui promeuvent les droits de la femme, les femmes africaines sont toujours confrontées à des contraintes institutionnelles, juridiques, politiques, environnementales ainsi que socioéconomiques, qui ont une incidence sur leur capacité et leur aptitude à créer des moyens d'existence durables. Ces contraintes ont eu pour conséquence l'exclusion des femmes des avantages et opportunités reconnus du développement, un phénomène plus prononcé chez les femmes rurales qui sont le pilier de l'économie, représentant 70% de la main-d'œuvre agricole et produisant 50% de la nourriture en Afrique (Economic Commission for Africa, 2009).

Les gouvernements africains ont généralement constaté que les mécanismes pour l'intégration de l'égalité de genre et la capacitation des femmes demeurent faibles à tous les niveaux – faute de capacités et de financements adéquats. Avec l'incapacité des ministères de tutelle à atteindre les cibles d'égalité de genre à cause des faibles niveaux d'allocation de ressources, et le traitement des préoccupations des femmes d'une façon rhétorique ou à travers des projets ciblés, il arrive souvent que les données ventilées par sexe et l'information censée être fournie par des indicateurs sensibles du point de vue du genre ne soient pas collectées, se perdent dans l'agrégation des données publiées, ou ne soient pas utilisées.

***Gouvernance sensible au genre et développement***

La relation entre gouvernance, réduction de la pauvreté et égalité de genre à l'échelle des communautés de base est essentielle pour un développement durable fondé sur l'égalité, l'équité et la participation effective de toutes les parties prenantes à tous les niveaux de la société. Dans de nombreux pays africains, une préoccupation majeure réside dans l'exclusion continue des femmes à tous les niveaux, y compris à la base, des négociations importantes, ou leur représentation purement symbolique, sans possibilité de contribution significative. Les voix des femmes ainsi que celles des hommes doivent être entendues dans tous les domaines du développement, y compris dans les analyses de la pauvreté et l'élaboration des stratégies et programmes. Ce qui est également clairement ressorti de la recherche en Afrique, c'est que les femmes à la base ont une importante contribution à apporter au développement de formes participatives de démocratie. Faciliter la participation des femmes peut entraîner les institutions vers des formes plus inclusives de démocratie (Ashworth, 1994).

L'accès limité des femmes aux ressources, au débat public et à la prise de décisions politiques est encore insuffisamment pris en compte dans la documentation générale sur la gouvernance. Parmi les parlementaires dans le monde, seules 10 à 12% sont des femmes. Ainsi, la question de la participation des femmes constitue-t-elle une préoccupation majeure dans le cadre de la problématique de l'égalité de genre et de la gouvernance. Tout aussi important est le manque d'attention accordé tant dans la forme que sur le fond aux perspectives de genre pertinentes. Les politiques en matière de gouvernance sont élaborées par des institutions dont les règles, les normes et les pratiques limitent souvent effectivement le droit des femmes à une participation significative et la possibilité d'opérer des choix réels. L'intégration de la dimension du genre est importante dans la gouvernance, notamment parce que les discours, les procédures, les structures et les fonctions de la gouvernance demeurent fortement biaisés. Cela soulève des questions importantes ayant trait à la transparence, l'inclusion, la légitimité et l'imputabilité – qui sont toutes au cœur du débat sur la gouvernance.

Dans le cadre d'une gouvernance sensible au genre, on trouve : l'égalité entre les femmes et les hommes (accès aux ressources, participation à la prise de décisions, partage des bénéfices) ; le respect des droits de la personne ; la capacitation des femmes ; et un programme de transformation. Sa réalisation à travers la préparation d'un Plan et Budget Genre et Développement peut être un puissant outil de plaidoyer et comporte des implications pour l'équité sociale. Le Plan et Budget GAD traduit les engagements et les objectifs politiques en actes, et reflète les priorités sociales et économiques du gouvernement à différents niveaux.

Pour être équitable, durable et efficace, la gouvernance doit être sensible au genre. La participation et l'engagement civique sont des facteurs essentiels à la bonne gouvernance, un concept qui s'attaque aux problèmes d'équité sociale, de légitimité politique, et pas seulement de gestion efficace des infrastructures et des services. Le fait que les femmes et les hommes participent différemment à la gouvernance urbaine et n'en bénéficient pas de la même manière est principalement fondée sur les constructions dominantes sur le genre dont les normes, les attentes et les expressions institutionnelles limitent l'accès des femmes aux ressources sociales, économiques et politiques. La plupart des sociétés assignent des rôles et des responsabilités différents aux femmes et aux hommes mais ne mettent pas en valeur, voire ne comptabilisent pas, les contributions cruciales de la main-d'œuvre féminine à l'entretien du ménage et de la communauté. Malheureusement, cette forme de reproduction sociale n'accorde guère de temps (ou parfois de permission) aux femmes pour participer à la vie civique d'une manière qui leur permette de décider de leur vie (Boserup, 1970).

## COMPOSANTES DE LA GOUVERNANCE SENSIBLE AU GENRE

Cette partie examine les divers éléments de la gouvernance sensible au genre et leurs implications pour un programme de développement en Afrique.

### *Capacitation des femmes et éradication de la pauvreté*

La gouvernance sensible au genre, l'égalité de genre et la capacitation des femmes sont des conditions nécessaires pour la réduction de la pauvreté. L'importance de ces facteurs est affirmée par de nombreux instruments internationaux relatifs aux droits de l'homme et à la justice sociale. Il existe aussi un faisceau considérable de preuves montrant que l'égalité de genre renforce la bonne gouvernance et la réduction de la pauvreté (Buvinic et King, 2007 ; DFID, 2007). La réduction durable de la pauvreté requiert la pleine participation des femmes comme actrices centrales des processus de gouvernance (Archer, 1994).

Non seulement la pauvreté est présentée comme ayant un visage féminin (FAO *et al.*, 2010 ; UNIFEM, 2005 ; Banque mondiale, 2001) mais aussi ses déterminants sous-jacents sont reliés à la nature subtile mais durable des inégalités de genre aux niveaux de la politique et des pratiques. La féminisation de la pauvreté est accrue dans les activités publiques et privées en Afrique par les méthodes d'allocation des ressources qui ne tiennent pas compte du genre, l'inégalité dans la mise en valeur des ressources humaines, la faible participation des femmes à la prise de décision et, plus important, à la politique et à la gouvernance.

### *Intégration de la dimension du genre ou généralisation de l'analyse selon le genre*

> « L'intégration de la dimension du genre est le projet pluridimensionnel consistant à recourir à l'analyse en termes de genre au niveau de l'agenda public (*mainstream agenda*) et à faire en sorte que les enjeux liés au genre y figurent. » (Ackerly, 2004 : 290).

Une stratégie clé dans la promotion de la gouvernance sensible au genre a été l'adoption d'outils d' « intégration de la dimension du genre » qui veillent à l'incorporation des préoccupations et des priorités des femmes et des hommes dans les politiques, les stratégies et les interventions du développement à tous les stades des programmes/projets – formulation de politiques et planification, mise en œuvre, suivi et évaluation, etc.

L'intégration de la dimension du genre n'est pas une fin en soi, mais une stratégie, une approche, un moyen d'atteindre l'objectif d'égalité de genre. Il s'agit de veiller à ce que les perspectives de genre et l'attention à l'objectif d'égalité de genre soient placées au centre de toutes les activités – élaboration de politiques, recherche, plaidoyer/dialogue, législation, allocation de ressources, planification et mise en œuvre. Selon la définition des Nations unies (ECOSOC, 1997) :

> « L'intégration d'une perspective de genre est le processus d'évaluation des conséquences pour les femmes et pour les hommes de toute action planifiée, y compris la législation, les politiques ou programmes, dans tous les domaines et à tous les niveaux. Il s'agit d'une stratégie visant à considérer les préoccupations et expériences des femmes aussi bien que des hommes comme partie intégrante de la conception, de la mise en œuvre, du suivi et de l'évaluation des politiques et programmes dans tous les domaines politiques, économiques et sociétaux, afin que les femmes et les hommes en bénéficient également, et que l'inégalité ne se perpétue pas. »

L'intégration de la dimension du genre est un besoin reconnu pour l'institutionnalisation de l'équité de genre dans la gouvernance et les structures administratives aux niveaux local, national et international de l'élaboration des politiques, et les stratégies d'intégration d'une perspective de genre sont inscrites à l'ordre du jour de nombreux gouvernements ainsi que des organisations multilatérales et bilatérales en tant que modèle de changement social progressif (Ackerly, 2004).

L'intégration de la dimension du genre suppose (Forum Africain de Développement, 2008) :

- de créer et de renforcer la volonté politique d'atteindre l'égalité et l'équité de genre aux niveaux local, national, régional et mondial ;

- d'intégrer la problématique du genre aux mécanismes de planification de tous les ministères et services gouvernementaux, en particulier ceux compétents en matière de questions macro-économiques et de développement, de politiques de l'emploi et de gestion, ainsi que de questions juridiques ;

- d'introduire la problématique du genre dans toutes les phases de la planification sectorielle : analyse, estimation, mise en œuvre, politiques de suivi et d'évaluation, programmes et projets ;

- d'utiliser des données ventilées par sexe (données collectées et présentées séparément sur les hommes et les femmes) dans les analyses statistiques afin de révéler la différence d'impact des politiques sur les hommes et les femmes ;

- d'accroître la proportion de femmes occupant un poste décisionnaire au sein des gouvernements et dans les secteurs public et privé ;

- de fournir des formations et des outils aux décideurs, aux responsables et autre personnel- ressource dans le domaine de la sensibilisation aux problématiques de genre, de l'analyse sexospécifique et de la planification basée sur le genre.

***Participation des femmes aux décisions politiques***

Quelle a été la qualité de la participation des femmes à la prise de décision ? La participation des femmes a-t-elle changé quelque chose à la prise de décision ? Bien que les pays africains aient accompli quelques progrès en ce qui concerne la représentation des femmes dans les parlements et dans les ministères, il est important de noter que cette représentation plus forte ne s'est pas encore systématiquement traduite par des budgets adéquats, des cadres institutionnels et des politiques qui permettent la mise en œuvre de programmes basés sur le genre et en vue de l'égalité de genre (Economic Commission for Africa, 2009). Les défis majeurs affectant la participation des femmes sont notamment l'analphabétisme et le manque de confiance qui les rendent inefficaces pour aborder les problèmes et apporter des contributions, les rapports de pouvoir entre les hommes et les femmes et les politiques partisanes. Il est nécessaire manifestement de renforcer les capacités des femmes engagées en politique, en plus de celles qui sont prometteuses en tant que leaders, par le biais de programmes de formation adaptés, en particulier dans les domaines liés aux compétences en leadership, au renforcement de la confiance, au réseautage, au plaidoyer et à la mobilisation de fonds.

Dans la plupart des pays africains, la participation des femmes en politique est plus importante grâce aux révisions de la Constitution, aux politiques nationales en matière de genre, et à des stratégies telles que la discrimination positive et les systèmes de quota. En dépit des critiques suscitées, certaines de ces stratégies (la discrimination positive en particulier) sont restées une option très viable dans les pays où la politique porte un visage masculin. En 2006, six pays africains avaient des quotas constitutionnels, dix-neuf des quotas volontaires, tandis que trois avaient un système de sièges réservés (Okojie *et al.*, 2007). Les quotas se sont avérés efficaces pour promouvoir l'égalité de genre dans la représentation politique lorsqu'ils sont mis en œuvre avec soin. Le Rwanda qui a pris des dispositions relatives aux quotas est devenu le pays ayant la plus forte représentation féminine au parlement dans le monde. Toutefois, certains auteurs soutiennent que le système de quotas ne se traduit pas nécessairement par un réel pouvoir décisionnel pour les femmes vu que dans la plupart des cas, « les dispositions relatives aux quotas peuvent être purement symboliques » (Dahlerup et Freidenvall, 2005 ; Grown, 2006).

***Gouvernance économique sensible au genre***

Les budgets influencent le niveau global des revenus et de l'emploi d'un pays et reflètent aussi les priorités politiques d'un gouvernement concernant les dépenses publiques. Il s'agit d'un puissant moyen de promotion de l'égalité de genre dans le cadre du développement national. Une budgétisation intégrant le principe de l'égalité de genre vise à institutionnaliser une perspective paritaire dans le financement public en développant des budgets qui sont planifiés, approuvés, appliqués, surveillés et contrôlés de façon égalitaire. Cela signifie que les politiques sont évaluées en termes d'impact du point de vue du genre et que les allocations budgétaires sont destinées à réduire les inégalités de genre. Par conséquent, une budgétisation sensible au genre contribue à garantir les choix effectués en matière de financement public en termes de prise en compte des besoins exprimés par les hommes et les femmes et de suivi de la réalisation des objectifs et des engagements politiques. En garantissant un suivi de la façon dont l'argent est dépensé, la budgétisation sensible au genre contribue à accroître la responsabilisation et la transparence, et partant une bonne gestion économique globale. Elle permet également de responsabiliser les gouvernements par rapport aux engagements internationaux qu'ils ont pris en ce qui concerne les femmes. Désormais, plus de soixante pays dans le monde ont adopté une budgétisation sensible au genre, peu de pays étant dans ce cas en Afrique.

La budgétisation basée sur le genre ne signifie pas l'établissement d'un budget séparé pour les hommes et les femmes (50/50), pas plus qu'elle n'implique seulement d'intégrer les questions du genre dans l'allocation des ressources budgétaires. L'application du principe d'égalité de genre au niveau budgétaire est plutôt un processus global et stratégique entraînant avant tout l'examen des politiques sous l'angle du genre puis l'analyse du budget. Il repose sur le point de vue selon lequel le budget est un outil important qui fait partie intégrante du processus général de planification.

Une analyse des politiques de développement adoptées par les pays africains indique qu'elles sont basées sur des paradigmes et des modèles conventionnels qui ignorent les dimensions sociales en général et les questions de genre en particulier. Par conséquent, la première étape critique dans l'intégration du principe d'égalité de genre dans le budget consiste à remettre en question les modèles et les politiques qui en sont issus et sur lesquels les budgets sont basés. Il est nécessaire d'intégrer également ces stratégies et politiques/plans pour des budgets sensibles au genre. La procédure est la suivante (Diop, 2002) :

- analyse selon le genre des politiques et programmes et de leurs budgets respectifs ;

- formulation de budgets sensibles au genre ou ajustement des budgets pour les rendre sensibles au genre puis mise en œuvre ;

- suivi et évaluation des impacts sur les hommes et les femmes ;

- prise en compte du genre dans l'évaluation participative de la pauvreté (*Poverty Participatory Assessment*) ;

- les femmes et les hommes, les filles et les garçons, devraient participer sur un pied d'égalité à l'évaluation de la pauvreté afin d'exprimer la manière dont ils perçoivent la pauvreté, la manière dont ils en sont affectés la nature de leurs stratégies d'adaptation et la manière dont ils participent aux programmes de réduction de la pauvreté ;

- intégration de la dimension du genre dans le diagnostic et l'analyse de la pauvreté : cela consiste à utiliser les résultats de l'évaluation participative de la pauvreté soutenus par des données désagrégées par sexe pour documenter chacune des dimensions de la pauvreté sous l'angle du genre (par exemple, défaut de capacités, d'opportunités, vulnérabilité, exclusion du pouvoir, etc.) ;

- utilisation du résultat du diagnostic/analyse de la pauvreté pour éclairer l'élaboration de domaines d'action prioritaires vis-à-vis de la pauvreté ;

- formulation d'un budget sensible au genre pour la mise en œuvre des stratégies de réduction de la pauvreté : ce qui consiste à allouer des ressources aux domaines d'action prioritaires sensibles au genre.

### ACTEURS DE LA MISE EN ŒUVRE DE LA GOUVERNANCE SENSIBLE AU GENRE

La gouvernance sensible au genre dépend de partenariats dynamiques et actifs dans les instances sociales et politiques qui élaborent et redéfinissent la politique publique. Ensemble, ces partenariats stratégiques peuvent défendre le droit des citoyens à la participation, à l'information et à la reddition de comptes. Ils doivent inclure la société civile, et en particulier les réseaux de femmes à la base ainsi qu'aux niveaux local, national et mondial. Tous les acteurs concernés doivent davantage mettre l'accent sur la promotion de l'égalité de genre dans le développement et prendre des mesures concrètes dans ce sens, étant donné les inégalités qui existent entre les hommes et les femmes du point de vue de la participation au développement et de l'incidence de la pauvreté.

***Les gouvernements nationaux***

Les gouvernements africains doivent intensifier la promotion de l'égalité de genre et la capacitation des femmes, en adoptant des politiques et des lois pertinentes ainsi que des stratégies efficaces. Les décennies écoulées en Afrique ont été caractérisées par l'adoption de lois internationales et régionales visant à améliorer la condition de la femme. Toutefois, l'absence de reddition de comptes lorsqu'il s'agit d'honorer les engagements envers l'égalité et l'équité de genre ainsi que la capacitation des femmes et des filles, combinée avec la prévalence de systèmes patriarcaux, continue d'empêcher ces politiques et programmes d'être traduits en actes concrets avec comme conséquence des répercussions positives sur la vie des femmes africaines.

Gouvernements et décideurs doivent prendre des mesures concrètes pour s'attaquer à la pauvreté en tenant compte du genre, sur la base de l'intégration des questions liées au genre dans toute programmation, et en traitant des questions spécifiques qui contribuent aux disparités entre les hommes et les femmes liées à la pauvreté. Les projets visant à améliorer la condition des femmes doivent examiner les rôles, besoins et perceptions différents des femmes et des hommes. Ils doivent tenir compte des contraintes fondées sur le genre auxquelles sont confrontées les femmes, notamment les facteurs qui limitent leur participation au développement. L'implication directe des femmes à travers la participation active à la planification, la conception, la mise en œuvre et l'évaluation de projets permet de renforcer leurs capacités et de développer leur degré d'implication et d'engagement à l'égard de la réussite du projet. Le gouvernement doit être responsable des mesures suivantes :

- mobiliser et sensibiliser pour la participation politique des femmes dans toutes les sphères du gouvernement ;

- s'inspirer des « meilleures pratiques » identifiées en la matière, notamment :

• intégrer la dimension du genre dans les budgets nationaux,

• inscrire les principes d'égalité de genre dans la Constitution et d'autres cadres juridiques des pays,

• incorporer au droit national la Convention sur l'élimination de toutes les formes de discrimination à l'égard des femmes (CEDAW) et d'autres traités sur l'égalité de genre,

• infuser une culture du genre dans le pays, y compris un langage tenant compte du genre dans tous les documents officiels,

• imposer à tous les partis politiques le respect des principes d'égalité de genre, en théorie comme en pratique, et s'assurer que les dirigeants des partis et les Constitutions en soient le reflet, etc. ;

- promouvoir l'éducation aux questions de genre à tous les niveaux – primaire, secondaire et tertiaire. Cela signifie tout simplement que les manuels et la pédagogie intègrent les principes de l'égalité de genre dans toutes les disciplines, tandis que le gouvernement investit en particulier dans les Études sur le Genre en tant que discipline ;

- soutenir les programmes de recherche et d'information qui propagent les valeurs associées à l'égalité de genre ;

- renforcer les compétences des femmes politiques dans le domaine de la mobilisation de fonds ;

- pour atteindre l'équité homme-femme dans la participation et la représentation politiques, travailler en étroite collaboration avec les institutions suivantes : les institutions traditionnelles, les partis politiques, les médias ;

- développer les statistiques désagrégées relatives à l'égalité de genre afin de permettre aux gouvernements d'« évaluer le coût » des services qu'ils fournissent et d'identifier les personnes qui y ont accès ;

- développer des cadres législatifs clairs pour la protection des droits des femmes concernant l'héritage des terres et les ressources liées à la terre, et informer les femmes de leur droit à cet égard de manière proactive ;

- aborder le problème des coutumes et pratiques culturelles profondément enracinées qui sous-tendent la discrimination et qui l'étendent aux niveaux de la communauté et du foyer, même lorsque des cadres légaux protégeant les droits des femmes sont déjà en place.

***Les ONG/OSC/Partenaires au développement***

Ces différents acteurs sociaux devraient :

- renforcer les capacités des femmes à résister aux attitudes sexistes intimidantes des politiques partisanes, etc. Il est nécessaire donc d'avoir une mobilisation et un plaidoyer à la base en faveur de la participation des femmes à la politique, à l'économie et à la vie publique, etc. ;

- cibler les hommes comme agents de changement pour le programme de capacitation des femmes et d'égalité de genre ;

- encourager des attitudes positives vis-à-vis de l'éducation des « petites filles » au niveau des ménages ;

- les communautés locales doivent jouer un rôle important de moteur du changement. Ainsi, les communautés doivent être ciblées par les OSC/ONG (Organisations de la société civile et Organisations non gouvernementales) et même le gouvernement, en utilisant diverses méthodes.

Les OSC/ONG sont les meilleures pour ce qui est de la mobilisation en faveur du changement au niveau communautaire. Elles doivent mettre l'accent sur les domaines prioritaires suivants :

- mobiliser l'appui de la communauté pour une culture d'égalité de genre dans le pays ;

- fédérer les efforts en vue de parvenir à un front uni avec le gouvernement et d'autres groupes d'intérêts sur la question de l'égalité hommes-femmes ;

- renforcer les capacités en matière d'intégration de la dimension du genre dans les politiques, les lois et les processus législatifs, afin que l'agenda d'égalité de genre et de capacitation des femmes (GEWE) soit fonctionnel ;

- soutenir la mobilisation à la base pour renforcer la participation des femmes à la politique.

***Les partis politiques***

Ils devraient également :

- se restructurer et intégrer la dimension du genre ;

- rendre effectif l'application du quota minimum de 30% de femmes dans la direction des partis et l'investiture des candidats aux élections.

***Les partenaires au développement***

À leur tour, les partenaires au développement devraient :

- engager des ressources financières destinées aux mécanismes de soutien des réformes ;

- soutenir le contrôle et l'évaluation des procédures de réforme agraire afin d'améliorer l'accès des femmes à la terre et au contrôle de la terre ;

- soutenir les initiatives apportant un soutien financier au développement économique des terres appartenant aux femmes ;

- encourager l'intégration de l'égalité de genre à la préparation des budgets dans le cadre de l'appui budgétaire ;

- relancer les initiatives internationales pour reconnaître les comptes parallèles et fournir des ressources destinées à les valoriser et à les rémunérer ;

- promouvoir la Déclaration de Paris et le Consensus de Monterrey afin d'y inclure la prise en compte prioritaire des résultats et des objectifs politiques de développement pour les femmes et l'égalité de genre ;

- encourager des quotas spécifiques pour l'égalité de genre dans le cadre d'approches sectorielles (*sector-wide approaches*) et créer des mécanismes de soutien budgétaire qui influencent la manière dont les pays bénéficiaires affectent de l'argent en faveur de la promotion de l'égalité de genre ;

- soutenir la mise en œuvre de projets en relation avec l'égalité de genre, les retombées commerciales et la croissance ;

- subventionner les associations de femmes et fournir une formation gratuite à celles qui les gèrent ;

- soutenir les femmes employées dans la filière agricole afin d'améliorer leurs capacités de production.

## CONCLUSION

Il vient d'être montré à travers cet article que la quête nationale de croissance et de développement de même que l'institutionnalisation des droits humains fondamentaux et de la justice sociale dans l'édification nationale demeureront un objectif inatteignable tant que la variable genre ne sera pas prise en compte. Aborder les questions liées à la gouvernance et au développement (entre autres, la réduction de la pauvreté et la corruption) selon une perspective de genre constitue un défi pour les anciens paradigmes de développement et procure à tous des avantages considérables. Les budgets sensibles au genre, par exemple, offrent un mécanisme nouveau et potentiellement efficace pour assurer une plus grande transparence et imputabilité en matière d'allocation des finances publiques. L'article attire également l'attention sur l'importance d'un dialogue informé et constructif entre tous les partenaires et identifie un certain nombre d'actions prioritaires à mener : il faut davantage de données abordant les dimensions quantitatives et qualitatives et utilisant pleinement la recherche-action participative ; des indicateurs et de solides outils d'évaluation des progrès en matière de réduction de la pauvreté et de représentation politique ; et enfin, des capacités renforcées aux niveaux technique et politique.

## RÉFÉRENCES

Ackerly, B. (2004) "Women's Human Rights Activists as Political Theorists", in L. Ricciutelli and A. R. Miles and M. H. McFadden (eds) *Feminist Politics, Activism and Vision: local and global challenges*, London and New York: Zed Books/Inanna.

Aina, O. I. (2008) "The Gender Equality Women Empowerment (GEWE) Agenda and the Nigerian Development", paper presented at the International Laboratory for Ph.D Students on "Globalisation, Social

Problems and Social Policy", 18th-23rd November, 2008, Maiduguri, Nigeria.

Aina, O. I. and Olayode, K. O. (2011) "Gender equality and Women empowerment in a democratising Society: Issues and Challenges", paper presented at the 16th Annual Conference of ASAN: Ilorin, Kwara State.

Archer, R. (1994) "Markets and Good Government: The Way Forward for Economic and Social Development?", Occasional paper, Geneva: UN Non-Government Liaison Service.

Ashworth, G. (1994) *Women, Public Life and Governance*, United Nations Economic Commission for Europe.

Banque mondiale (2002) "Ghana Strategic Country Gender Assessment. Briefing Note for the Ghana Poverty Reduction Strategy", New York: Banque mondiale.

--- (2001) *Genre et développement économique. Vers l'égalité des sexes dans les droits, les ressources et la participation*, Canada et France, éditions Saint-Martin et Nouveaux Horizons, 2003.

--- (2000) *Evaluating the Gender Impact of Bank Assistance. Selected Proceedings from World Bank Workshops*, Washington D.C.: Banque mondiale.

BIT (2009) *Tendances mondiales de l'emploi des femmes*, Genève : Bureau International du Travail.

Boserup, E. [1970] *La femme face au développement économique*, traduit de l'anglais, Presses Universitaires de France, 1983.

Buvinic, M. and King, E. M. (2007) "Smart Economics", *Finance and Development*, vol. 44 (2): 7-12.

Dahlerup, D. and Freidenvall, L. (2005) "Quotas as a 'Fast Track' to Equal Representation of Women: Why Scandinavia is No Longer the Model", *International Feminist Journal of Politics*, 7 (1): 26-48.

DFID (2007) *Gender Equality at the Heart of Development. Why the role of women is crucial to ending world poverty*, London: Department for International Development, www.dfid.gov.uk/Pubs/files/ gender-equality.pdf (visité le 24 octobre 2012).

Diop, N. (2002) "Translating Government's Commitment into actions. The Rwanda Gender Budgeting Initiative" in D. Budlender and G. Hewitt, *Gender Budgets Make More Cents*, The Commonwealth Secretariat.

Economic Commission for Africa (2009) *Compendium of Emerging Good Practices in Gender Mainstreaming*, 2 volumes, Addis Ababa: African Centre for Gender and Social Development.

ECOSOC (1997) "Report of the UN Economic and Social Council" General Assembly, Fifty-second session, http://www.un.org/documents/ga/docs/52/plenary/a52-3.htm [visité en mai 2013].

European Commission (1992) *Panorama: Statistical Data Concerning the Participation of Women in political and public decision-making*, Working Document, EU Commission.

FAO, IFAD and ILO (2010) *Gender Dimensions of Agricultural and rural Employment: Differentiated Pathways out of poverty: status, trends and gaps*, Rome: FAO/IFAD/ILO.

Forum Africain de Développement (2008) « Action pour l'égalité des sexes, l'autonomisation des femmes et l'élimination de la violence contre les femmes », sixième Forum Africain de Développement, 19 au 21 novembre, Centre de Conférence des Nations Unies, Addis-Abeba, Éthiopie.

Forum pour le Partenariat avec l'Afrique (2007), "*Gender and Economic Empowerment in Africa*", 8e rencontre du Forum pour le Partenariat avec l'Afrique, Berlin, Allemagne.

González, M. J., Jurado, T. and Naldini, M. (2000) *Gender Inequalities in Southern Europe: Women, Work and Welfare in the 1990s*, London and Portland: Frank Cass Publishers.

Grown, C. (2006) "Indicators and Indices of Gender Equality: What Do They Measure and What Do They Miss?" Background Paper for the *Global Monitoring Report 2007*, Washington D.C.: World Bank.

March, C. and Smyth, I. and Mukhopadhyay, M. (1999) *A Guide to Gender-Analysis Frameworks*, England: Oxfam.

Martinussen, J. (1997) *State, Society and Markets: A Guide to Competing Theories of Development*, London and New York: Zed Books.

Moghadam, V. M. (2005) *Globalizing Women: Transnational Feminist Networks*, Baltimore: Johns Hopkins University Press.

Molyneux, M. (2006) "Mothers at the Service of the New Poverty Agenda: Progresa/Oportunidades, Mexico's Conditional Transfer Programme", *Social Policy and Administration*, vol. 40 (4): 425-49.

Nations Unies (2009) *Étude mondiale sur le rôle des femmes dans le développement. Maîtrise sur les ressources économiques et accès des femmes aux ressources financières, y compris le microfinancement*, Assemblée générale des Nations Unies, 64e session.

http://www.un.org/womenwatch/daw/ws2009/ [visité en mai 2013].

Okojie, C., Aina, O. I. and Akanji, B. (2007) "Tools and Guidelines for Mainstreaming Gender into Budget Process: A Handbook for Policymakers" (Unpublished).

Olayode, K. O. (2011) "MDGs and African-EU Strategic Partnership" in A. Sesay and O. C. Eze (eds) *African Union and European Union Strategic Partnership,* Lagos: Nigeria Institute of International Affairs.

Pettman, J. J. (2004) "Global Politics and Transnational Feminisms" in L. Ricciutelli, A.R. Miles and M.H. McFadden (eds) *Feminist Politics, Activism and Vision*, London and New York: Zed Books/Inanna, pp. 49-63.

PNUD (2008) Rapport sur le développement humain 2007/8. La lutte contre le changement climatique : un impératif de solidarité humaine dans un monde divisé, *New York : PNUD.*

--- (1995) Rapport sur le développement humain 1995. Égalité des sexes et développement humain, *New York: PNUD.*

Sen, G. and Grown, C. A. (1988) *Development, Crises and Alternative Visions. Third World Women's Perspectives*, London and USA: Earthscan/Monthly Review Press.

UNIFEM (2005) *Le progrès des femmes à travers le monde 2005 : Les femmes, le travail et la pauvreté*, New York : UNIFEM.

Union Africaine (2003) « Protocole à la Charte africaine des droits de l'Homme et des peuples relatif aux droits des femmes en Afrique », Conférence des chefs d'État de l'Union africaine, juillet, Maputo, Mozambique.

## CHAPITRE 5

# PERDUS DANS LES BOIS : RÉFLEXIONS SUR LES MOUVEMENTS SOCIAUX DU DÉBUT DU XXIE SIÈCLE AU NIGÉRIA

*Ike Okonta*

« Comment peut-on dire que nous sommes finis
Alors que nous venons juste de commencer
Quand nous n'avons plus où aller
Nous n'avons plus aucun recours. »
TY Bello, The Future, chanteuse nigériane (décembre 2010)[*]

Dans l'après-midi du 1er octobre 2010, deux bombes explosent à Abuja, la capitale du Nigéria, au moment où les dirigeants politiques et leurs invités célèbrent le cinquantième anniversaire de l'indépendance du pays. Eagle Square, le vaste pavillon officiel au cœur de la ville où se tiennent le Président Goodluck Jonathan et les autres notables, est indemne. Mais les citoyens qui se sont rassemblés dans les rues adjacentes pour prendre part à l'évènement ne sont pas aussi chanceux. Plusieurs d'entre eux, parmi lesquels de jeunes enfants, sont tués sur le coup. Beaucoup d'autres ont de graves blessures.

Cette attaque, qui a été imputée au *Mouvement pour l'émancipation du Delta du Niger* (MEND), une violente milice ethnique qui a fait son apparition dans la région pétrolifère du Nigéria en janvier 2006, n'a pas seulement démontré la capacité de la milice d'agir au-delà de sa principale base opérationnelle à l'extrême sud du pays pour frapper des cibles dans la capitale. Elle a aussi mis en exergue la rage profonde de la jeune génération de Nigérians envers un système politique qui les a réduits au statut de citoyens pauvres de seconde zone depuis la fin de la

---

[*] Les paroles originales sont :
*"How can they say we are finished*
*We have just begun*
*When we have nowhere else to run to*
*We have nowhere else to go".*

dictature militaire officielle en mai 1999. Mais l'attentat à la bombe d'Abuja a une signification plus profonde. Cet évènement sanglant met en relief un autre changement des règles de l'engagement politique, partant de la protestation civique non-violente à la guerre des tranchées qui a marqué les tumultueuses années 1960, avec pour point culminant trente mois de guerre civile de 1967 à 1970. Une politique violente que les Nigérians ordinaires croyaient à jamais révolue quand les armes se sont tues en janvier 1970.

A l'instar d'une bonne partie de l'Afrique, le Nigeria faisait face à trois défis majeurs au début des années 1980, au moment où la croissance économique et la prospérité de l'ensemble des citoyens commençaient à stagner, suite à l'effet de contagion de la crise financière aux États-Unis et en Europe occidentale.

Premièrement, la dictature militaire (qui avait provisoirement pris fin en 1979) était de retour quatre ans plus tard, lorsqu'il est devenu clair que les politiciens n'avaient aucune idée des politiques qu'il fallait adopter pour sortir le pays de la faillite. Les citoyens, qui réclamaient à grands cris le retour à un régime démocratique depuis la fin de la guerre civile en 1970, souhaitaient toujours participer à la gouvernance, mais ne savaient pas comment procéder, face à la perfidie et à la corruption massive qui ont marqué la Deuxième République que les soldats avaient tout simplement remplacée.

Deuxièmement, la junte militaire nigériane, menée par le Général Ibrahim Babangida depuis 1985, avait adopté un programme d'ajustement structurel (PAS) inspiré par le FMI qui, dans un effort voué à l'échec pour relancer l'économie comateuse, a dévalué la monnaie, opéré des coupes sauvages dans les aides sociales et, s'inspirant du Premier ministre britannique Margaret Thatcher, poursuivi avec vigueur un programme de privatisation des sociétés publiques et de « rationalisation » de la fonction publique. L'effet immédiat fut l'explosion du chômage, l'augmentation de la pauvreté et le sentiment largement partagé chez les jeunes, les pauvres et les chômeurs qu'une faction particulièrement cruelle de l'élite, aidée de ses collaborateurs étrangers, déterminée à détruire les bases socioéconomiques de la continuité de leur existence, s'était emparée de l'État nigérian.

Troisièmement, l'incapacité ou le refus apparent de l'État de s'attaquer aux besoins sociaux et économiques pressants des couches vulnérables a déclenché la résurgence du nationalisme ethnique et d'autres tendances primaires, poussant les leaders de la société civile et d'autres acteurs politiques opposés au régime militaire à commencer à lancer des appels en faveur de la convocation d'une conférence nationale souveraine qui, selon leurs propres termes, traiterait de « la Question Nationale ». Il a même été question d'une seconde guerre civile.

L'aggravation de ces trois principaux problèmes, alors même que la junte militaire répressive resserrait de plus en plus son emprise sur le pouvoir au début des années 1990, a créé un terreau fertile pour l'émergence de mouvements sociaux puissants engagés à mettre un terme à la dictature militaire et à assurer l'avènement d'un gouvernement démocratiquement élu qui mettrait fin à la corruption officielle et ramènerait le pays dans la voie de la prospérité partagée.

Ce chapitre examine l'émergence, la nature et la trajectoire de trois de ces mouvements dans le contexte de développements sociopolitiques plus larges dans le pays, des années 1980 à nos jours. *Campaign for Democracy* (CD) est une coalition regroupant plusieurs organisations qui militent pour la démocratie et les droits de l'homme, créée en 1991 alors que la demande populaire de mettre fin au régime militaire touchait son sommet. Le Mouvement pour l'émancipation du Delta du Niger (MEND) s'est signalé sur la scène publique en janvier 2006 par une série d'attaques sanglantes contre les installations de *Shell Producing Development Company* (SPDC), la principale compagnie pétrolière internationale en activité dans le Delta du Niger. L'objectif annoncé de cette milice est d'obliger les responsables à Abuja à céder la part majoritaire des recettes pétrolières, encore contrôlées par le gouvernement fédéral, aux communautés locales pauvres de la région du Delta où le pétrole est produit. *Save Nigeria Group* (SNG) est descendu dans l'arène turbulente de la politique nationale en janvier 2010, alors qu'une puissante « coterie » principalement formée de ministres du cabinet, de membres de l'Assemblée nationale et de conseillers politiques fidèles à un Président souffrant, Umaru Musa Yar'Adua, qui avait été évacué par avion en Arabie Saoudite pour des soins médicaux, refusait de remettre le pouvoir provisoirement au vice-président comme le voulait la Constitution. Le SNG, portant haut la demande populaire que les dispositions de la Constitution soient immédiatement mises en œuvre, est apparu pour débloquer la situation.

La question centrale sur laquelle se penche le présent essai est pourquoi - vu la situation économique et sociale de l'Afrique qui virait au rouge dans la première décennie du XXIe siècle, suite à un ajustement structurel désastreux - les mouvements sociaux progressistes du Nigéria, et en particulier les trois susmentionnés, n'ont pas opéré la transition essentielle pour devenir des structures foncièrement axées sur la question du pouvoir politique et de son utilisation fructueuse en vue de solutionner les problèmes émergents du pays. Même en admettant que ces mouvements fussent en réalité des groupes de pression ayant l'objectif limité de mettre fin au régime militaire et, suite au retour à un régime démocratique, de battre campagne en faveur de la reddition de comptes et de l'allocation équitable des ressources publiques, force est de constater que ces modestes objectifs n'ont pas été atteints non plus. En effet, treize ans après le retour au gouvernement civil, le *Peoples Democratic Party* (PDP) au pouvoir n'a jamais été aussi ancré dans le pouvoir, après avoir frauduleusement remporté les élections en 1999, 2003, 2007 et 2011. Bon nombre des mouvements sociaux et des ONG qui avaient fait leur apparition dans les années 1980 et au début des années 1990 ont disparu ou sont devenus comateux et inopérants. Et quand elles existent encore, leurs stratégies sont incohérentes ou intéressées, voire les deux. Quelles forces sociales, économiques et politiques spécifiques sont à l'œuvre, déterminent la trajectoire et, à terme, l'impuissance de ces mouvements ? Comment ces forces pourraient-elles être utilement mises au service d'une renaissance de mouvements sociaux au Nigéria qui contesteraient activement un État de plus en plus autoritaire et pilleur et mobiliseraient effectivement l'ensemble des citoyens derrière un projet d'émancipation sociale et un gouvernement progressiste et responsable ?

Ensuite, dans une deuxième section, je retrace le retour de la dictature militaire dans le pays au début des années 1980 et dans quelle mesure les politiques d'austérité sociale et économique poursuivies par les généraux ont provoqué l'émergence de ces mouvements sociaux. J'examine aussi les objectifs qu'ils s'étaient fixés et les conditions qui ont déterminé l'adoption de ces objectifs.

La troisième partie étudie en détail ces mouvements sociaux : les forces sociales et économiques qui en ont forgé la nature, leur analyse des problèmes fondamentaux du Nigéria et comment elle a éclairé les stratégies qu'ils ont adoptées dans leurs combats contre l'État. Dans la quatrième partie, j'explore les raisons pour lesquelles ces mouvements n'ont pas atteint les trois objectifs centraux qui sont la démocratie et l'État de droit, une économie prospère dans laquelle tous les citoyens auraient une part significative, et un pays uni fondé sur des idéaux civiques et animé par ces idéaux.

Historiquement, Lagos, la ville la plus peuplée et la plus cosmopolite du pays, servait de base aux nationalistes civiques qui luttaient contre le colonialisme britannique et, par la suite, la dictature militaire autochtone. Lagos était au Nigéria ce que l'État du Piémont était à l'Italie à l'ère du *Risorgimento*. À la suite du retour au régime civil en 1999, la ville et la région auxquelles elle appartient ont été reprises par un parti politique qui adoptait un programme ethno-régional, excluant effectivement les acteurs civiques d'autres groupes ethniques qui ont atteint leur majorité politique dans les années 1980, et qui considéraient Lagos comme la grande « ville sur une colline » à partir de laquelle il fallait engager la bataille contre les forces qui entravaient le développement du Nigéria. Cette partie analyse également les conséquences profondes de ce rétrécissement ethnique du terrain politique dans la ville pour les mouvements civiques progressistes, et comment ce développement, parmi tant d'autres, a continué à contrecarrer les efforts visant à redynamiser le projet d'émancipation sociale et politique du pays.

En conclusion, j'essaie de nous projeter dans le futur, examinant la trajectoire probable de la crise politique et économique de plus en plus profonde qui frappe le pays, et les moyens qui permettraient de galvaniser à nouveau les citoyens de plus en plus désespérés et les mouvements sociaux inachevés du début du XXI$^{e}$ siècle, pour venir à bout d'un environnement local et international actuellement hostile à un projet social progressiste fondé sur l'équité et la prospérité partagée.

## DÉFIER L'HOMME À CHEVAL

Depuis janvier 1966, date à laquelle les forces armées nigérianes ont mis fin à la Première République élue par un sanglant coup d'État, les élites politiques et intellectuelles ont toujours considéré ces dernières comme des intrus dans l'arène politique ; un mal nécessaire qu'il fallait tolérer pendant un certain temps dans les périodes de crises politiques profondes. Il était entendu, implicitement, que les soldats abandonneraient le pouvoir et retourneraient dans les casernes après avoir pris les mesures de redressement nécessaires pour rétablir l'ordre politique. La réintégration forcée du Biafra sécessionniste en janvier, après la fin d'une sanglante guerre civile de trente mois, et le boom pétrolier qui s'en est suivi, ont permis à la junte militaire née des débris politiques des tumultueuses années 1960 de projeter avec succès l'image du vaillant homme à cheval, galopant au secours des citoyens en détresse. Un de Gaulle nigérian qui veillait avec bienveillance sur les intérêts des pauvres et des exclus de la société, tout en se servant de son fusil pour combattre les forces qui œuvrent à saper l'unité et la stabilité de la République.

Une croissance économique modérée dans les années 1970, alimentée par les recettes pétrolières naissantes et une stratégie de développement pragmatique combinant des éléments de démocratie sociale et de marché libre pour renforcer l'emploi en milieu urbain et l'offre de services sociaux, a créé une classe moyenne relativement contente (Forrest, 1995). Alors que la pauvreté continuait de sévir dans les zones rurales, d'autant plus que les dépenses sociales étaient concentrées sur les villes en pleine expansion, les paysans et les petits artisans étaient incapables de s'organiser politiquement pour défier la junte militaire et articuler leurs intérêts. En octobre 1979, la junte militaire dirigée par le Général Olusegun Obasanjo à la suite de l'assassinat en février 1976 de celui dont il était le second, a remis le pouvoir à un gouvernement élu. Les politiques de la Seconde République, avec en tête le *National Party of Nigeria* (NPN), se sont lancés dans un programme de pillage du trésor dès leur entrée en fonction. Cette période était également marquée par des fuites massives de capitaux. L'apparition de difficultés économiques dans les pays occidentaux au début des années 1980 a entraîné une forte chute du prix du pétrole, le principal produit d'exportation du pays qui, à cette époque, représentait 90% des recettes en devises. En 1982, le pays s'enfonça dans la récession économique.

Les forces armées à présent dirigées par le Général Muhammadu Buhari mirent fin à la Seconde République en décembre 1983 et rétablirent le régime militaire. La corruption massive qui prospérait sous le règne du NPN et l'incapacité des politiques à remettre le pays dans la voie de la prospérité avaient discrédité ces derniers aux yeux des citoyens, offrant au gouvernement de Buhari un moment de répit (Falola et Ihonvbere, 1985). Ce dernier prit des mesures draconiennes pour enrayer la corruption, équilibrer le budget et relancer la croissance économique. Le gouvernement rejeta aussi la demande de dévaluation du *naira* et de suppression des subventions sur les services sociaux et les produits pétroliers raffinés localement, des mesures exigées par le Fonds monétaire international en contrepartie d'un prêt de 2,8 milliards de dollars. L'économie entama un lent et pénible cheminement vers la stabilisation. Malgré tout, les classes moyennes urbaines, habituées depuis longtemps aux produits de luxe importés, commencèrent à protester face aux politiques du gouvernement militaire limitant les importations aux pièces de machines et autres produits de première nécessité. Les décrets draconiens promulgués par le gouvernement pour d'une part, contenir le désaccord public grandissant et d'autre part, veiller à ce que les politiques évincés restent en détention, offrirent au Général Ibrahim Babangida, Chef d'état-major des armées de Buhari, l'occasion d'orchestrer une révolution de palais et de remplacer son chef en août 1985.

Adebayo Olukoshi, penseur et universitaire nigérian, a observé, fort justement à mon avis, ceci : « à aucun moment de l'histoire postcoloniale du Nigéria, il n'y a eu une aussi grande efflorescence d'associations civiles non professionnelles engagées dans la quête de la démocratie et de la primauté du droit que depuis 1986 – suite à l'introduction par le gouvernement du Général Ibrahim Babangida d'un programme d'ajustement structurel (PAS) soutenu par le Fonds monétaire international et la Banque mondiale » (Olukoshi, 1997: 379). La dernière fois que le pays a connu une telle floraison d'organisations civiques, c'était immédiatement après la Seconde Guerre mondiale, lorsqu'une flopée d'associations civiles et professionnelles apparut pour se joindre à la lutte nationale afin d'obtenir l'indépendance du régime colonial britannique.

Lorsqu'il s'empara du pouvoir, le Général Babangida adopta un programme économique, élaboré par le représentant-résident de la Banque mondiale dans le pays, qui imposait une forte dévaluation de la monnaie, des coupures dans les subventions sur les produits pétroliers et les services sociaux et la suppression des politiques commerciales et tarifaires qui protégeaient le secteur industriel naissant du pays. Ce régime néolibéral, un rouage essentiel du programme d'ajustement structurel mis en œuvre par le FMI dans toute l'Afrique à cette époque, rompait radicalement avec le consensus autour de l'économie mixte forgé par les dirigeants nigérians au début des années 1960. Babangida promit aux Nigérians que ces mesures seraient provisoires et que les souffrances induites étaient censées « rationaliser » l'économie et faire retrouver au pays la prospérité dont jouissaient les citoyens au cours du boom des années 1970. Le général déroula également dans la même période un nouveau programme politique qui, promit-il, restaurerait rapidement le régime démocratique dans le pays. Les fonctionnaires prétendaient que la libéralisation économique créerait une nouvelle classe d'acteurs économiques prospères qui, à leur tour, soutiendraient le programme de libéralisation politique poursuivi par Babangida, écartant définitivement le spectre de l'intrusion militaire dans la politique du pays.

Au début des années 1990, pas une seule de ces promesses n'avait été tenue. Alors que le *naira* continuait sa dégringolade, érodant le pouvoir d'achat des classes moyennes, et que les usines fermaient faute de pouvoir importer des pièces essentielles, entraînant une hausse vertigineuse du chômage, des manifestations éclataient un peu partout dans le pays contre le programme d'ajustement structurel. Le gouvernement militaire avait interdit à une frange influente de la classe politique de participer au nouveau programme de transition politique, décision qui fut suivie en octobre 1989 par l'imposition aux citoyens de deux nouveaux partis sous sa coupole – le *Social Democratic Party* (SDP) et la *National Republican Convention* (NRC). Les statuts et les plateformes politiques de ces deux partis – « un peu à gauche » pour l'un et « un peu à droite » pour l'autre – étaient également rédigées par des responsables du régime.

L'argument central développé ici est que la résistance des citoyens à un programme d'austérité économique qui n'avait pas produit de dividendes tangibles et à un programme politique qui les privait de leurs droits et contrecarrait sans cesse leur demande de gouvernement démocratique – des mesures autoritaires qui avaient été prises après le retour du régime civil en 1999 – a offert et continue d'offrir un terreau fertile pour l'émergence de puissants mouvements sociaux dans le pays. Le retour de la démocratie et de l'État de droit, une économie prospère et en pleine expansion dans laquelle chacun aurait une part équitable, et une nation unie où les différences ethniques et religieuses exacerbées par des politiques économiques néolibérales ratées n'auraient pas de place, telles étaient les trois tâches principales que ces mouvements sociaux s'étaient assignées. Je soutiens par ailleurs qu'ils n'ont pas réussi jusqu'ici à atteindre ces objectifs parce que leurs stratégies n'ont pas été éclairées par une compréhension de la nature du pouvoir dans le pays et de sa manière de déployer ses formes sociales et économiques pour parer à toute résistance à son projet. Dans ce qui suit, j'examine en détail trois de ces mouvements sociaux : *Campaign For Democracy* (CD), Mouvement pour l'émancipation du Delta du Niger (MEND) et *Save Nigeria Group* (SNG).

## TROIS MOUVEMENTS SOCIAUX, PRIS DANS UNE IMPASSE CIRCULAIRE

La crise socioéconomique du Nigéria a précédé le Général Babangida. En 1987, deux ans après sa prise de pouvoir, les recettes des exportations de pétrole étaient de 6 milliards de dollars seulement, une chute vertigineuse par rapport au pic de 26 milliards de dollars atteint en 1981. Elles ont grimpé à environ 13 milliards de dollars en 1990, mais chuté de nouveau à 10 milliards de dollars un an plus tard. Cependant, ce qui a galvanisé la colère publique contre le PAS et la junte, c'était la manière autoritaire dont le programme économique fut imposé, l'absence de reddition de comptes en matière de gouvernance et la corruption croissante associée à Babangida et d'autres gradés de l'armée. Pire encore, les années de discipline fiscale n'avaient ni diversifié l'économie quasi-dépendante du pétrole, ni généré les nouveaux emplois dont avaient besoin des citoyens de plus en plus pauvres.

### *Campaign for Democracy (CD)*

En novembre 1991, plusieurs associations civiles et professionnelles qui avaient mené la lutte pour la démocratisation et le respect des droits de l'homme à la suite de l'introduction du PAS en 1986 se sont regroupées pour mettre en place la *Campaign for Democracy* (CD), une organisation faîtière (Olukoshi, 1997 : 380). Les plus en vue de ces associations étaient la *Civil Liberties Organization* (CLO), première ONG de défense des droits civils du pays, le *Committee for the Defence of Human Rights* (CDHR), le *Constitutional Rights Project* (CRP), le *Nigerian Union of Journalists* (NUJ), *l'Academic Staff Union of Nigerian Universities* (ASUU), la *National Association of Nigerian Students* (NANS), le *Nigerian Labour Congress* (NLC), la *Nigerian Bar Association* (NBA), *Women in Nigeria*, la *National Association of Democratic Lawyers* (NADL), la *Nigerian Tenants Association* (NTA), et *la Nigerian Medical Association* (NMA). En 1990, quatre ans après l'inauguration du programme de transition de la junte, il était devenu évident que le Général Babangida était peu disposé à ramener le pays à un régime démocratique. La *Campaign for Democracy* s'est fixée comme objectif principal de mobiliser les citoyens pour exiger des élections libres et transparentes, un processus au terme duquel les forces armées quitteraient le pouvoir. Des organisations de façade financées par le gouvernement et conçues pour infiltrer la société civile avec des idées et des politiques favorisant la junte étaient également apparues pendant cette période, et la CD s'est mise également à les combattre.

En octobre 1989, le Général Babangida annonçait son intention de créer deux nouveaux partis politiques soutenus par la junte et réaffirmait la détermination de son gouvernement à s'assurer que les politiques de la vieille génération ne détourneraient pas le processus : « Quand nous avons parlé d'un nouvel ordre social, d'une « nouvelle race de politiciens », nous le pensions. Nous parlions de nouvelles institutions politiques avec de nouveaux leaders, et non pas de vieux loups politiques habillés de peaux de mouton de la nouvelle race » (*African Guardian*, 16 octobre 1989). Le chef de la junte tint parole. Lui et ses lieutenants non seulement orchestrèrent de près l'émergence et le développement du SDP et de la NRC, mais veillèrent à exclure de ces deux partis les politiques, les activistes pro-démocrates et les dirigeants syndicaux dont ils savaient qu'ils s'opposeraient vigoureusement à leur projet d'imposer au pays une « démocratie » totalement dépourvue de libertés civiles et politiques. Le développement rapide de la CD en tant que puissant mouvement social était dû au fait qu'elle offrait à ces derniers une plateforme leur permettant de participer au processus politique en cours, alors même que la junte persistait à dire qu'ils étaient des « éléments indésirables ».

Beko Ransome-Kuti, un influent docteur en médecine par ailleurs Président du Comité de défense des droits de l'homme (*Committee for the Defence of Human Rights* - CDHR), était le président de la CD, tandis qu'Ubani Chima, un charismatique militant pro-démocratie qui a fait ses premières armes en tant que dirigeant du syndicat des étudiants dans les années 1980, en était le Secrétaire général. La CD avait aussi des bureaux dans les principales villes du pays, dotés de secrétaires régionaux. En 1991 et 1992, alors que se tenaient des élections locales, étatiques et législatives, des responsables de la CD ont rejeté le processus menant à ces élections pour leur manque de crédibilité, soutenant en outre que les programmes et les manifestes du SDP et de la NRC ne traitaient pas suffisamment de la crise politique et économique dans laquelle le pays était embourbé. En effet, les dirigeants pro-démocratie avaient rejoint en 1990 des hauts fonctionnaires et technocrates à la retraite, pour appeler à une conférence nationale où il serait ouvertement débattu des questions litigieuses telles que la structure fédérale du pays, la répartition des revenus et les droits liés à la citoyenneté – appelées dans le langage courant « la Question Nationale ». Une date avait été fixée pour cette conférence qui devait se dérouler à Lagos. À la suite de menaces proférées par le gouvernement, les fonctionnaires à la retraite reculèrent, mais les leaders pro-démocratie persévérèrent, soutenant à présent que la convocation immédiate d'une « Conférence nationale souveraine », qui traiterait de la « Question Nationale » et ouvrirait la voie à des élections libres et justes, était le minimum qu'ils exigeaient.

L'annulation des résultats de l'élection présidentielle qui s'est tenue en juin 1993 et qui a été remportée par Moshood Abiola, un riche homme d'affaires, sur la plateforme du SDP, plongea le pays dans la tourmente. Non seulement les militants pro-démocratie mais aussi les simples citoyens étaient outrés mais aussi et surtout de larges pans de la classe politique jusqu'ici passive, se rendant compte à présent que la junte était déterminée à se perpétuer au pouvoir, commencèrent à attaquer. Les tentatives du Général Babangida de museler des journaux de plus en plus hostiles n'ont fait que pousser certains d'entre eux – les plus populaires – dans la clandestinité (Dare, 2007 : 79-84). Exploitant le cocktail de la pauvreté généralisée, de l'aversion pour une junte militaire résolue à frustrer des citoyens en manque de démocratie et de primauté du droit, et d'une presse « guérilla » qui amplifie davantage ce climat d'anomie, la CD, sous le leadership de Beko Ransome-Kuti, commença à mobiliser les masses. Le but de l'organisation durant cette période était de rendre le pays ingouvernable et de forcer la junte à renoncer à sa décision d'annuler l'élection de juin 1993. De juin à octobre 1993, des grèves, des manifestations publiques et parfois des affrontements directs avec la police et les soldats armés furent organisés, paralysant effectivement la vie économique et sociale dans les villes. Alors que la junte répliquait, tuant, emprisonnant et brutalisant plusieurs leaders du mouvement pro-démocratie, cette tactique, au lieu d'avoir l'effet voulu, transforma la CD en fer de lance potentiel d'un puissant mouvement social à l'échelle du pays exigeant un régime démocratique et la justice sociale.

En novembre 1993, le Général Sani Abacha, numéro deux du gouvernement de Babangida, évinça le gouvernement de « transition » provisoire que ce dernier avait mis sur pied à la hâte avant de renoncer au pouvoir au mois d'août précédent. C'est à ce stade que la CD commit sa première erreur fatale. On n'en connaît pas encore tous les tenants et les aboutissants mais tout semble indiquer qu'une faction de l'organisation faîtière avait collaboré avec une frange de la classe politique pour faciliter le coup d'État d'Abacha, ayant conclu avec les hommes de main du général un accord selon lequel ce dernier dirigerait le pays pendant une courte période seulement et transmettrait le pouvoir à Abiola, le vainqueur de l'élection de 1993. Lorsqu'il s'empara du pouvoir, Abacha non seulement revint sur cet accord mais intensifia le harcèlement des membres de la CD et des politiques, en particulier ceux du sud-ouest dont Abiola est originaire. À l'approche du premier anniversaire de l'annulation de l'élection présidentielle de 1993, un Abiola amer mais enhardi, de retour de la cérémonie d'investiture du Président Nelson Mandela, aida à relancer le combat pour réclamer son mandat (*Thisday*, 3 juin 2012). La *National Democratic Coalition* (Coalition nationale démocratique - NADECO), une coalition essentiellement formée de politiques du sud-ouest lésés, fit son apparition peu de temps après et ses activités commencèrent à attirer de plus en plus l'attention des médias, au détriment de la CD. La création en novembre 1994 de la *Democratic Alternative* (DA, un parti politique de centre gauche), grâce à des piliers de la CD tels que Bamidele Aturu et Chima Ubani, priva encore plus l'organisation faîtière des capacités de mobilisation de ces derniers. Le peu qui restait de la CD, au lieu de s'aligner derrière la DA comme plateforme et parti politique, et de prévenir les Nigérians du danger stratégique que constituait la NADECO, avec sa base sociale étroite et son programme vague, ne fit ni l'un ni l'autre. Ce fut sa deuxième erreur fatale.

Holly Burkhalter a résumé la désintégration des forces progressistes qui avaient pendant un temps surmonté les obstacles ethniques et religieux pour exiger le retour d'un régime démocratique en ces termes : « Ce qui est tragique dans la crise actuelle, c'est que les citoyens nigérians qui, pendant l'élection, semblaient avoir surmonté un héritage de conflits ethniques en transcendant les barrières ethniques et régionales pour voter pour M. Abiola, ont été forcés une fois de plus à restreindre leurs vues et placer en premier leurs identités ethniques, plutôt que leur statut de citoyens nigérians » (Burkhalter, 1993). La CD fut la principale victime de ce rétrécissement et de cette ethnicisation de l'espace politique qui ont permis à des groupes de façade gouvernementaux et à des entrepreneurs ethniques mus par leurs propres intérêts de pénétrer la société civile et d'appuyer la dictature militaire du Général Abacha.

Même avec la mort successive d'Abacha et d'Abiola en 1998, et l'évidence grandissante qu'une junte à présent discréditée était en train de chercher un moyen pour céder le pouvoir, la CD et d'autres organisations affiliées étaient incapables de saisir l'opportunité et de mobiliser les citoyens derrière la DA ou un autre parti politique épousant des politiques sociales progressistes. Thabo Mbeki, Vice-président de l'Afrique du Sud et vétéran de la lutte anti-apartheid, se rendit à Lagos en 1998 au moment de la création des partis politiques et exhorta les dirigeants de la CD, notamment Gani Fawehinmi, figure iconique de la lutte nationale pour les droits de l'homme, Beko Kuti et Olisa Agbakoba, de mobiliser le mouvement pro-démocratie derrière un parti qui se présenterait aux élections. Une faction influente de la CD, dirigée par Fawehinmi, refusa en soutenant qu'un gouvernement d'unité nationale provisoire qui convoquerait une conférence nationale souveraine était une exigence minimale. C'est ce qu'explique Agbakoba, avocat et fondateur de la *Civil Liberties Organization* (CLO), la première ONG de défense des droits de l'homme du Nigéria : « L'opinion de Gani était que tant que nous n'avions pas résolu ce qu'il appelait la question du gouvernement d'unité nationale et de la conférence nationale souveraine nous ne devrions pas participer aux élections. Je ne suis pas sûr aujourd'hui qu'il avait raison [...] je pense que cela s'est avéré une erreur chèrement payée car, en 2003, quand nous décidâmes qu'il était temps d'y aller, le parti qui allait devenir le parti de la communauté des droits de l'homme, l'AD (*Alliance for Democracy*), avait été pris. Et il n'y avait pas d'autre plateforme » (*The Sun*, 25 mars 2012). Ce fut la troisième erreur fatale de la CD.

*Le Peoples Democratic Party* (PDP), soutenu par la junte sur le départ, devint le parti au pouvoir à l'issue des élections d'avril 1999 largement condamnées, en raison de nombreuses irrégularités, par les missions d'observation locales et internationales dont notamment le Président Jimmy Carter du *Carter Center* basé à Atlanta. Deux autres grands partis participèrent également à ces élections. L'*Alliance for Democracy* (AD), qui revendique une plateforme progressiste, adopta néanmoins une stratégie politique qui reposait sur sa principale base ethnique dans le sud-ouest du pays. Le *All Peoples Party* (renommé par la suite le *All Nigeria Peoples Party*), plateforme des fidèles du défunt Général Abacha, avait aussi une base régionale – dans le nord. Alors que le PDP se renforçait dans les élections subséquentes, porté par les incitations financières et parfois la violence pure et simple pour conserver le pouvoir dans le centre fédéral et la majorité des États, les partis de l'opposition tout comme les mouvements sociaux furent relégués en marge de la vie politique. La CD, tout en continuant d'avancer laborieusement, n'est plus qu'un pâle reflet de ce qu'elle était, incapable de mobiliser des millions de citoyens nigérians comme elle le faisait autrefois dans les tumultueuses années 1990.

***Le Mouvement pour l'émancipation du Delta du Niger (MEND)***

Le MEND est l'enfant colérique et violent de la promesse démocratique avortée du Nigéria des années 1990, qui a permis aux organisations ethniques renaissantes et aux partis politiques qui leur sont alliés d'occuper de plus en plus l'espace politique. Attahiru Jega attribue les origines de cette forme de politique identitaire exclusiviste au Nigéria de l'après-guerre civile à l'introduction du programme d'ajustement structurel dans les années 1980, dans la mesure où l'État qui, historiquement, a toujours joué un rôle prépondérant dans le contrôle et la distribution de ressources stratégiques à des individus ou groupes favorisés, se trouva de plus en plus dans l'incapacité de s'acquitter de cette fonction. Ce développement a déclenché une lutte entre les élites pour ces ressources en baisse et pour le pouvoir étatique lui-même. En effet, pour Jega (2000 : 19), « la classe dirigeante a tiré son origine et sa richesse de l'État autour duquel elle gravite, utilisant tout moyen à sa disposition pour obtenir le pouvoir et l'influence. Ainsi, dans la compétition et la lutte pour le pouvoir d'État, notamment en période de crise économique, la politique identitaire est intensifiée et tend à primer ».

Le MEND, une milice dirigée par des jeunes, se signala sur la scène politique nigériane par une vague d'attentats à la bombe de novembre 2005 à janvier 2006, ciblant les installations de la *Shell Producing Development Company* (SPDC), la branche locale de la compagnie pétrolière internationale, et d'autres grandes compagnies pétrolières opérant dans le Delta du Niger, la région pétrolifère du Nigeria. La milice affirma que son grief principal était que le gros des recettes tirées des gisements de pétrole du Delta du Niger, sa région d'origine, était contrôlé par le gouvernement central d'Abuja, lui-même dominé par des politiques appartenant aux groupes ethniques majoritaires. Le MEND puisait ses membres et ses principaux commandants chez les *Ijaw*, l'un des groupes ethniques les plus importants du Delta. La milice souligna également, avec raison, que la production de pétrole avait détruit les terres agricoles et les rivières dont dépendaient les populations locales pour leur subsistance, et appela à un nouvel accord politique et économique au Nigéria qui accorderait la primauté au fédéralisme fiscal, permettant ainsi aux groupes ethniques de la région du Delta de « contrôler » leurs propres ressources naturelles (Okonta, 2006).

À première lecture, les communiqués de presse régulièrement publiés par les porte-parole du MEND sur Internet sembleraient avoir été informés par des considérations pan-ethniques ; la boîte de propagande d'une autre faction régionale de la classe dirigeante nigériane qui, par colère et par désespoir, a eu recours à la violence pour faire entendre ses revendications à l'État. Mais l'origine de la milice, ses membres et son *modus operandi* tiennent de développements économiques et politiques beaucoup plus complexes, à la fois locaux et nationaux, qui s'unissent pour conduire un mouvement social fortement civique au départ dans un cul-de-sac ethnique. Le MEND et le Mouvement pour la survie du peuple Ogoni (*Movement for the Survival of the Ogoni People* – MOSOP), fondé en 1990 par l'écrivain et militant pour les droits des minorités Ken Saro-Wiwa, représentent les deux faces d'un même mouvement politique : l'un colérique et violent ; l'autre calme et pacifique, mais tout aussi déterminé à obtenir justice pour les communautés locales appauvries de la région pétrolifère. En fait, le mouvement social général pour la justice sociale dans la région fut déclenché par les responsables du MOSOP, suite à la publication en 1990 de la *Déclaration des droits* des Ogoni, qui faisait état d'une longue liste de griefs à l'encontre de l'État nigérian et des compagnies pétrolières, et appelaient les autres Nigérians et la communauté internationale à se joindre à eux dans le projet de faire naître un Nigéria nouveau, fondé sur le fédéralisme, l'égalité ethnique et l'équité. L'émergence du MOSOP sur la terre des Ogoni, l'un des plus petits groupes ethniques de la région du Delta, à un moment où la pauvreté et la discorde interethnique s'étaient intensifiées dans le pays, et où il était clair pour ceux qui avaient du discernement que le PAS n'avait apporté aucune réponse aux problèmes croissants du Nigéria, n'a rien d'une coïncidence.

À la suite de la pendaison de Ken Saro-Wiwa et de huit autres membres du MOSOP par la junte d'Abacha en novembre 1995, et de la suppression violente de l'organisation qui s'en est suivie, une série de groupes d'autodétermination apparut dans la région, adoptant une combinaison d'objectifs civiques et ethniques. Dans l'*Ijawland* même, les groupes les plus importants menés par des jeunes fusionnèrent pour former le Conseil des jeunes *ijaw* (Ijaw Youth Council – IYC) à la fin de l'année 1998, à la veille du retrait du pouvoir de la junte militaire après le décès à intervalles rapprochés du Général Abacha et de Moshood Abiola, vainqueur de l'élection présidentielle de 1993 – pendant que ce dernier était encore en détention et sous surveillance militaire. Sous la houlette d'Oronto Douglas, un avocat charismatique par ailleurs militant des droits environnementaux, et d'Asume Isaac Osuoka, un puissant orateur et ancien leader étudiant, entre autres, l'IYC devint rapidement une force importante dans la campagne en plein essor pour freiner les excès de l'État nigérian et des compagnies pétrolières. L'IYC publia la *Déclaration de Kaiama*, un récit émouvant du calvaire des peuples *ijaw* dans un Nigéria pris en otage par une élite au pouvoir mue par ses propres intérêts, qui termine en réitérant l'appel de la *Déclaration des droits des Ogoni* en faveur d'une conférence nationale souveraine qui ouvrirait la voie à la démocratie, à la justice sociale et à une nouvelle fédération nigériane marquée par l'égalité ethnique (Ijaw Youth Council, 1998).

L'IYC a été violemment supprimée par la junte militaire alors même que des élections étaient tenues pour marquer le début de la Quatrième République du Nigéria. Le Président Jimmy Carter, sous les auspices du *Carter Center*, surveilla l'élection présidentielle dans plusieurs parties de la région du Delta en avril 1999, et produisit un rapport accablant qui mettait en exergue la manipulation du scrutin et d'autres violations. Le *Peoples Democratic Party* (PDP), favorisé de façon flagrante par les généraux sur le départ, prit le pouvoir dans le centre fédéral et la plupart des États, y compris les principaux États du Delta (Rivers, Delta, Bayelsa). Cependant, alors que le Président Olusegun Obasanjo prenait les rênes du pouvoir, les violentes tactiques employées par les gouvernants du PDP dans les États du Delta commencèrent à se retourner contre eux. Ces politiques du PDP, aux états de service presque vierges, comprirent qu'ils n'avaient aucune chance de gagner dans un contexte électoral juste et libre. Par conséquent, ils incitèrent des membres radicaux de l'IYC et des autres organisations dirigées par des jeunes avec de l'argent et des promesses de postes politiques, les armèrent de fusils et d'autres armes mortelles, et les utilisèrent pour intimider leurs adversaires et s'imposer au pouvoir.

En 2005, deux ans après que le PDP « remporta » un second mandat grâce à l'argent, à l'intimidation et à la violence pure et simple, les gouverneurs du PDP dans les États du Delta avaient réinstallé une dictature quasi-militaire dans cette région où la fraude électorale, la corruption et la pauvreté générale proliféraient. Assaillie par la répression et les incitations financières orchestrées par les gouverneurs des États et leurs mandants à Abuja, l'IYC s'était fragmentée. Plusieurs autres groupes de jeunes étaient retournés au chauvinisme et au banditisme, travaillant comme tueurs à gages dans les milices privées des gouverneurs ou comme hommes de main armés dans l'industrie du *bunkering* (vol de pétrole) en plein essor, et kidnappant le personnel des sociétés pétrolières pour générer des revenus. Leurs dirigeants se considéraient comme les pendants nigérians des seigneurs de guerre du Libéria et de la Sierra Léone secoués par des crises dans les années 1990, et leurs adeptes, des « militants ».

Ceci étant dit, il convient d'indiquer que ces « seigneurs de guerre » affichaient une personnalité double et complexe, mêlant un comportement violent et une préoccupation réelle pour le sort de leurs terres en déshérence et de leurs populations appauvries. C'est ce mélange de pauvreté grandissante, de banditisme, de patriotisme, d'autoritarisme politique et de populisme ethnique, cyniquement mis à profit par les gouverneurs alors même qu'ils dévalisaient le trésor public en toute impunité, qui a donné naissance au MEND. Le déclencheur immédiat fut l'incarcération du gouverneur de l'État de Bayelsa, celui qui s'était autoproclamé « Gouverneur général de la nation ijaw », par le Président Obasanjo au milieu de l'année 2005, pour enrichissement par des pratiques de corruption. Déclarant que le peuple *ijaw* et la région du Delta du Niger à laquelle il appartient avaient beaucoup souffert, plusieurs de ces seigneurs de guerre se regroupèrent, mirent en place le MEND, une coalition plus ou moins formée d'organisations militantes, et se lancèrent dans une violente campagne contre l'État et les compagnies pétrolières qui, disaient-ils, « bouffaient » tout le pétrole, ne laissant aux populations locales qu'un carnage environnemental.

Tandis que le MEND puisait son inspiration et son orientation intellectuelle dans la campagne des organisations environnementales et pro-démocratie à Port Harcourt et dans d'autres villes du Delta restées fidèles aux préoccupations civiques qui motivaient leur travail, les deux grands groupes étaient incapables d'intégrer, voire de parvenir à un accord sur une stratégie commune. De nombreux leaders de la société civile, des jeunes et de la communauté, tout en affirmant la légitimité des griefs du MEND, condamnaient ouvertement les méthodes violentes de la milice et exhortaient ses dirigeants à déposer les armes et à dialoguer avec le gouvernement central sur les moyens qui permettraient de traiter ces griefs. L'effet dévastateur des attaques du MEND sur les installations pétrolières, qui ont entraîné une forte baisse de la production et une hausse concomitante des prix sur le marché international, a aussi poussé certains importateurs d'énergie inquiets, comme les États-Unis, à entamer le processus d'élaboration pacifique d'une stratégie pour contenir l'insurrection grandissante dans la région pétrolifère du Nigéria. Les élections générales de 2007, bien que massivement truquées par le PDP comme à l'accoutumée, offrirent une ouverture. Alors qu'Umaru Yar'Adua s'installait dans ses fonctions, un effort timide visant à inverser la tactique de la terre brûlée de son prédécesseur, le Président Olusegun Obasanjo, fut lancé. Cherchant à contrôler les milices armées, Obasanjo avait créé une force conjointe police-armée dénommée *Joint Task Force* (JTF) et en fit pratiquement une armée d'occupation dans la région du Delta. L'émergence du MEND au début de l'année 2006, et sa capacité non seulement à affronter la JTF avec une force de feu considérable mais aussi à se présenter avec succès sur Internet comme le « sauveur des pauvres du Delta », était une indication claire de l'échec de la stratégie d'Obasanjo.

À la suite d'une série de rencontres entre des représentants du gouvernement fédéral et des leaders de la communauté et des jeunes *ijaw*, une « feuille de route » en faveur de la paix dans la région pétrolifère fut convenue par les deux parties le 24 août 2007. Un comité conjoint de dix-huit membres en vue de la mise en œuvre de ladite feuille de route fut constitué en septembre dans le but, selon les termes de référence, d'« élaborer et soumettre au gouvernement fédéral pour examen d'autres initiatives susceptibles de faciliter le développement rapide du Delta du Niger et l'instauration de la bonne gouvernance dans la région » (Gouvernement fédéral du Nigéria, 17 septembre 2007). Conformément à une exigence prioritaire des leaders *ijaw*, soutenue par les recommandations d'un groupe d'enquête sur cette région agitée (groupe créé par le Président Obasanjo durant son premier mandat présidentiel), un pourcentage substantiel des recettes pétrolières, supérieur aux 13% stipulés par la Constitution de 1999, devrait revenir aux États producteurs de pétrole. Obasanjo avait fait fi du rapport. Au cours de ses négociations avec les leaders *ijaw*, le Président Yar'Adua était également peu enclin à mettre en œuvre ces recommandations. Dans l'impasse qui s'ensuivit, Godwin Abbe, général à la retraite et ministre de Yar'Adua, fut chargé de « faire respecter » la paix dans la région. La JTF dont la liberté d'action avait été provisoirement restreinte reçut le feu vert pour accélérer ses activités punitives dans le Delta. Le MEND et d'autres groupes non-affiliés reprirent également le combat. Des attaques contre les installations pétrolières, des échanges de tirs entre les troupes du MEND et de la JTF, et les enlèvements des travailleurs du pétrole devinrent la norme.

La situation atteignit son paroxysme en mai 2009, lorsque des soldats qui gardaient des équipements pétroliers appartenant à la compagnie pétrolière CHEVRON essuyèrent une attaque des seigneurs de guerre près de la ville de Warri dans la région occidentale du Delta. Le Président Yar'Adua ordonna des opérations militaires de grande envergure. Alors que les hélicoptères de combat pilonnaient les camps des seigneurs de la guerre dans les villages nichés dans les criques, ce dernier expliquait la situation à une nation anxieuse en ces termes : « Les développements dans la région du Delta du Niger au cours des semaines écoulées ont nécessité une action décisive contre les éléments criminels armés qui ont récupéré à leur profit des agitations réelles dans la région et se sont mués en une véritable menace pour la sécurité nationale du Nigéria et sa survie économique » (*The Nation*, 5 juin 2009). Plusieurs villages *ijaw*, parmi lesquels Oporoza, Okerenkoko, Kunukunuma et Benikrukru, furent rasés. Bien qu'il n'y ait pas de sources indépendantes pour confirmer le nombre des victimes, E. K. Clerk, un leader *ijaw*, déclara au plus fort des attaques militaires : « Au dernier décompte, plus d'une centaine d'âmes innocentes, des femmes et des enfants, ont péri, et des biens d'une valeur de plusieurs millions de *nairas* ont été complètement détruits » (Bello, 2011 : 17).

Le 25 juin 2009, après que les troupes de la JTF ont mis à sac une bonne partie de la région occidentale du Delta, le Président Yar'Adua décréta unilatéralement « l'amnistie et le pardon inconditionnel à toutes les personnes qui ont participé, directement ou indirectement, à la perpétration de délits associés aux activités militantes dans le Delta du Niger » (Bello, 2011 : 19). Les militants qui déposent les armes, déclara le gouvernement, seront inscrits dans un « Programme d'amnistie » qui leur permettra d'acquérir de nouvelles qualifications et de se réinsérer dans la société. La plupart des militants, manifestement sous-armés, acceptèrent. Des informations non-confirmées firent état de distribution d'argent et de promesses de contrats gouvernementaux lucratifs pour adoucir l'accord pour les hauts commandants. Quelques irréductibles qui s'accrochaient toujours au « MEND » jurèrent de continuer le combat, soulignant que l'amnistie proposée était un palliatif qui ne prenait pas en compte les principales exigences des peuples du Delta. Les attentats à la bombe au cours de la célébration de l'anniversaire de l'Indépendance ont constitué le dernier fait d'armes du MEND. Même s'il continue de monter des attaques sporadiques contre les installations pétrolières du Delta, il est clair que la bête féroce de 2006-2008 a perdu ses dents.

***Save Nigeria Group (SNG)***

Comme déjà indiqué, le SNG est né d'une conjoncture particulière. La coalition de puissantes forces autoritaires au sein du PDP regroupées pour manipuler les élections générales de 2007 et ramener le parti au pouvoir avec comme Président Umaru Yar'Adua, l'ancien gouverneur malade de l'un des États du nord, virent leur projet plonger dans une crise profonde quand ce dernier tomba malade une fois de plus en novembre 2009. Comme par hasard, aucune disposition ne fut prise pour transférer officiellement le pouvoir exécutif au Vice-président, le Dr Goodluck Jonathan, comme stipulé dans la Constitution, avant que le président de la République ne soit évacué pour un traitement médical à l'étranger. En effet, une sorte de guerre froide s'était installée entre Jonathan et la coterie au pouvoir autour du Président Yar'Adua venue principalement de la région nord du pays, dès le mois de mai 2007, quand ils prêtèrent serment tous les deux. Le choix de Jonathan, un chrétien natif du sud appartenant à l'ethnie *ijaw* du Delta, comme Vice-président, était dicté par des considérations cyniques d'ordre politique, une concession destinée à amadouer les seigneurs de guerre qui avaient fermé une bonne partie de la production de pétrole en 2007. Il était traité en étranger par les hommes du Président qui - surveillant anxieusement leurs arrières à mesure que la santé de leur chef se dégradait et déterminés à ce que le nord jouisse pleinement des huit années de mandat comme l'avait fait le Président Obasanjo, un chrétien du sud - se mirent de plus en plus à développer une mentalité d'état de siège.

Au fil des semaines, alors qu'il apparut clairement que l'absence du Président malade allait se prolonger, les citoyens ordinaires commencèrent à demander que Jonathan le remplace à titre provisoire, comme le stipulait la Constitution. La coterie au pouvoir s'était renforcée en l'absence du Président, attirant des membres clés de l'Assemblée nationale, des gouverneurs des États, de puissants officiers de l'armée et quelques hommes d'affaires influents. Il était clair pour toute personne perspicace qu'ils préparaient l'équivalent civil d'une révolution de palais. Des tentatives répétées d'intimidation visant à forcer le Vice-président à partir échouèrent. Lorsque la coterie ignora avec une attitude de défi les exigences du public concernant la publication de l'état de santé réel du Président Yar'Adua, des avocats défenseurs des droits de l'homme se rendirent devant les tribunaux pour demander une interprétation juridique de la section pertinente de la Constitution, en cas d'absence d'un Président en exercice. Plusieurs journaux indépendants, organisations travaillistes et militants pro-démocratie se mêlèrent également à la bataille, exigeant que Jonathan soit immédiatement « habilité » à assumer la présidence. Le SNG émergea en janvier 2010 comme un amalgame plus ou moins organisé de ces forces, résolu à mettre fin à l'impasse politique en faveur du Vice-président. De fait, ce dernier, en affichant un calme peu commun même quand la tempête faisait rage, était apparu à cette époque comme une sorte de héros national, comme la corde salvatrice à laquelle s'accrochaient les franges pauvres d'une population de plus en plus désespérée et malmenée. Le 9 février 2010, la coterie céda de façon soudaine, et le Dr Jonathan prêta serment aussitôt comme Président par intérim. Alors que le SNG et d'autres groupes de pression ont joué un rôle important pour parvenir à ce résultat, un haut fonctionnaire a aussi reconnu que le gouvernement américain a été également déterminant pour stabiliser le pays en cette période de turbulences, et faire en sorte que Jonathan assume le pouvoir comme le voulait la Constitution (*The Guardian*, 8 août 2010).

Le SNG, d'après son site web, est une « organisation sans but lucratif de la société politique engagée à créer un environnement politique garantissant que seuls les meilleurs, les plus intelligents, les plus aptes et les plus compétents des Nigérians soient démocratiquement élus à des postes publics ». Les « convictions fondamentales et les axes d'intervention » du groupe consistent à « déboucher et éclairer les esprits des Nigérians par le message de la participation politique [et] restaurer la souveraineté aux Nigérians ». La méthode qu'il a adoptée pour atteindre ces objectifs consiste à « galvaniser une masse critique d'hommes et de femmes, de garçons et de filles, de vieux et de jeunes, dans les jours et les semaines à venir, pour contester et changer le *statu quo* et dire que *ÇA SUFFIT* en joignant nos efforts pour demander un Nigéria qui convient aux Nigérians » (*Save Nigeria Group*, juin 2012). Le Président national du SNG est Tunde Bakare, un pasteur pentecôtiste basé à Lagos. Contrairement à la CD qui comptait, à son apogée, des branches dans tout le pays, le SNG est principalement une organisation de Lagos. En outre, alors que la CD dépendait ouvertement de contributions financières d'organisations affiliées pour financer ses campagnes, le SNG n'a pas publié ses sources de financement. Les informations diffusées dans les médias liant le groupe à certains hommes politiques nantis connus pour leur opportunisme ont été démenties.

Le décès du Président Yar'Adua en mai 2010 et la confirmation subséquente du Dr Jonathan comme Président nominal poussèrent le SNG à changer l'orientation de sa campagne. Des élections générales devaient se tenir en avril 2011 et le groupe fit part de sa détermination à mettre fin à la pratique habituelle de magouille et de violence électorales qui avait entaché les scrutins précédents, en particulier celui de 2007. Dans un grand discours qu'il a tenu à Abuja le 31 mai 2010, le président du SNG Tunde Bakare déclara : « Je suis fortement convaincu que si, en tant que pays, nous arrivons à avoir un système électoral correct, nos problèmes seront à moitié résolus. Des élections crédibles déboucheront sur un gouvernement crédible » (Bakare, 31 mai 2010). Quelques mois plus tard, Bakare déclara ouvertement son soutien au *Congress for Progressive Change* (CPC), un nouveau parti politique créé par Muhammadu Buhari, un ancien chef d'État militaire, pour pouvoir participer à l'élection présidentielle – pour la troisième fois. Bakare devint par la suite son colistier. On ne sait pas exactement s'il a consulté les autres membres du SNG et reçu leur aval avant de passer de son statut de leader d'un groupe de pression politique à celui d'homme politique partisan. Quoi qu'il en soit, le coordonnateur national du groupe a publié par la suite un communiqué mentionnant que « le Pasteur Bakare a été suspendu en tant que membre du SNG en juin 2010 quand il a essayé de mettre l'organisation sur les rails de la politique partisane sans le consentement de ses membres fondateurs, et n'a pas été réadmis depuis » (*The Sun*, 20 janvier 2012).

La période qui a précédé les élections fut marquée par une profonde amertume et un dangereux clivage nord-sud, alors que des membres du

PDP au pouvoir, originaires du nord, tinrent bon et demandèrent que Jonathan se retirât de la course pour permettre à un originaire du nord d'arborer le drapeau du parti et de terminer les deux mandats du défunt, conformément à un accord tacite selon lequel la présidence serait alternativement assurée par le nord et le sud, de façon équilibrée. Jonathan prit cependant les devants et participa aux élections dont il fut déclaré vainqueur par la Commission électorale nationale indépendante, infligeant une défaite à Buhari. Bakare qualifia l'élection de mascarade, retourna à son église à Lagos et chercha à donner un nouveau souffle au SNG. Bakare et le SNG renaissant retrouvèrent les devants de la scène en janvier 2012, au moment où le Président Jonathan, indexant des problèmes fiscaux de plus en plus grands, voulait supprimer les subventions publiques sur les importations d'essence. Alors que les prix de l'essence grimpaient au milieu de difficultés économiques générales, des citoyens enragés prirent le sentier de la guerre. Des manifestations publiques éclatèrent spontanément dans plusieurs grandes villes. *Le Nigerian Labour Congress* (NLC) et le *Trade Union Congress* (TUC) – les organisations syndicales faîtières – décrétèrent une grève nationale pour obliger le gouvernement à maintenir la subvention. Le SNG, dirigé par Bakare et en alliance avec plusieurs groupes de pression et organisations de défense des droits de l'homme, notamment le *Joint Action Front*, la CD, et *Enough is Enough*, appela les citoyens de Lagos à sortir pour une démonstration massive du « pouvoir du peuple ». Après une semaine de rhétorique enflammée et d'acrobaties politiques des deux côtés, les responsables de l'État et des syndicats concoctèrent un accord supprimant en partie la subvention de l'essence. Le NLC leva le mot d'ordre de grève et les manifestations publiques tournèrent court, alors même que Bakare continuait de protester en soutenant que l'accord n'avait pas reçu la bénédiction des groupes de la société civile du pays (*The Nation*, 18 janvier 2012).

Exploitant les liens de Bakare avec Buhari et le CPC, le gouvernement de Jonathan avait, au plus fort des manifestations contre la suppression de la subvention sur l'essence, dépeint Bakare et le SNG dans les médias comme le fer de lance d'un complot visant à introduire un « changement de régime » dans le pays, par des voies non démocratiques. Tandis que Bakare niait farouchement cette accusation préjudiciable, son statut de détenteur d'une carte de membre du CPC a considérablement rabaissé le SNG aux yeux de l'opinion publique, permettant ainsi à d'autres groupes de pression de la région de Lagos, ayant adopté une attitude non partisane, de contester de plus en plus son leadership. En réalité, la facilité avec laquelle le gouvernement a réussi à déjouer les plans du SNG à un moment décisif de l'histoire politique de la nation, tout comme il l'avait fait avec la CD en 1994 et le MEND en 2009, permet de mettre en exergue un portrait sombre des mouvements sociaux du début du XXIe siècle au Nigéria, pris dans une impasse circulaire faite d'efflorescence soudaine aussitôt suivie d'un déclin, d'intrépides marcheurs perdus dans les bois politiques et incapables de retrouver leur chemin. Pourquoi en est-il ainsi ?

## ÉCHOUER TOUT EN RESTANT DROIT DANS SES BOTTES

Au Nigéria, depuis 1900, l'État colonial non seulement utilisait le pouvoir pour faciliter son projet économique d'exploiter de manière rentable les ressources naturelles des populations locales, mais encore, il cherchait à gérer ce pouvoir de telle sorte qu'il fût difficile d'y résister. Alors même que l'État central était soutenu et avait le contrôle des ressources stratégiques, ses variantes locales, sous forme de *warrant chiefs* et de tribunaux « indigènes » (qui, selon les responsables coloniaux, appliquaient les lois et coutumes « indigènes »), veillaient à ce que la vie civique et économique tournassent autour d'un axe étroit, définissant les sujets coloniaux diversement comme des « fils du terroir » et des « étrangers », alors que ces catégories n'existaient pas auparavant, ou lorsqu'elles existaient, étaient malléables et pouvaient être discutées. Les populations locales qui étaient tenues de vendre leurs produits aux autorités coloniales à des prix défavorables, et qui étaient dominées par des despotes locaux soutenus par l'État, étaient réduites à la pauvreté et à l'impuissance alors que l'État continuait de peaufiner son projet politique dans les années 1930 et 1940.

L'État colonial n'était pas un État développementiste. Il ne parlait pas non plus le langage de la démocratie. Qu'il résidât dans les villes émergentes ou dans les villages ruraux, le sujet colonial ne connaissait que la privation et l'usurpation de ses droits politiques. Les associations qui luttaient pour le bien-être en s'appuyant sur les réseaux familiaux dans ces villes aux dures réalités constituaient des tentatives des « gens d'en bas » de trouver le secours que l'État leur refusait. C'est ainsi que la vertu civique fut transformée en vertu « ethnique » et le sujet se retrouva dans le rôle de collaborateur actif du projet étatique de forger une pléthore de groupes ethniques distincts et rivaux. La politisation subséquente de ces identités sociales au moment où des entrepreneurs ethniques et politiques briguaient les suffrages au soir du régime colonial dans les années 1950, et leur consolidation en bandes « tribales » dressées les unes contre les autres alors que l'État postcolonial n'a pas induit la démocratie et la prospérité depuis le début des années 1960 à nos jours, est une histoire tragique qui se raconte à travers le continent à cette époque.

Ainsi, pour les mouvements sociaux au Nigéria et ailleurs en Afrique, le défi fondamental est-il de savoir comment s'attaquer de façon fructueuse au fardeau hérité de la colonisation, actuellement reproduit sur tout le continent par les successeurs indigènes, d'un pouvoir irresponsable et qui crée la pauvreté. La floraison d'organisations de la société civile après la seconde Guerre mondiale sur laquelle Adebayo Olukoshi a attiré notre attention (voir plus haut) donne des indications quant à la manière dont cette tâche pourrait être accomplie.

Le mouvement zikiste fut créé en 1947 par des jeunes gens intrépides déterminés à mettre fin au régime colonial, en s'inspirant des écrits du Dr Nnamdi Azikiwe, leader nationaliste de l'époque à la suite du décès de son mentor Herbert Macaulay (Okoye, 1979). Les *Zikistes* comprenaient le cynisme du pouvoir colonial et sa manie délibérée de se ramifier en autant d'enclaves ethniques autoritaires et collectrices d'impôts dans l'État local ; le rôle de ces supplétifs locaux étant d'appauvrir, de diviser et à terme de pulvériser la résistance. La réponse des *Zikistes* à ce défi complexe consista à déclarer sans équivoque que la situation coloniale était la cause fondamentale de la pauvreté des « gens d'en bas », qu'ils voulaient prendre le pouvoir à l'État colonial afin de l'utiliser dans l'intérêt économique des populations locales. Pour cela, considérèrent-ils, la voie à suivre consistait à créer un mouvement capable de transcender les nouvelles barrières ethniques dans un double mouvement d'opposition à l'État colonial central et à ses nombreuses variantes locales.

Bien que les *Zikistes* fussent par la suite écrasés par l'État colonial, leur interprétation du terrain politique et la stratégie pan-ethnique qu'ils ont conçue pour y répondre, offrent une perspective utile pour examiner les trois mouvements sociaux étudiés ici. La CD, bien qu'étant capable d'établir des branches dans tout le pays, se considérait principalement comme un mouvement « pro-démocratie » ; un catalyseur du changement tout en laissant le véritable jeu de pouvoir politique aux hommes politiques. S'il est vrai que les mouvements sociaux africains n'ont pas besoin de faire de la prise de pouvoir un objectif unique et explicite, c'est utopique de supposer que même les exigences civiques modestes qu'ils mettent en avant trouveront satisfaction auprès d'hommes politiques angéliques qui descendraient du ciel. De fait, étant donné la faculté extraordinaire du pouvoir en place non seulement de fixer les règles du jeu politique mais aussi de décider qui peut y participer, il est téméraire, sur un continent qui continue d'opérer par à-coups la transition vers la consolidation démocratique, de ne pas au moins s'intéresser aux acteurs politiques potentiels et de voir comment ceux d'entre eux qui représentent le mieux les exigences des mouvements sociaux pourraient devenir des alliés. Les trois erreurs de la CD – le soutien d'une de ses factions au projet intéressé du Général Abacha en 1993 ; le refus de s'opposer à la stratégie régionaliste de la NADECO en 1994 ; et le refus de se muer en parti politique ou d'en soutenir activement un en 1998 – découlent toutes d'une connaissance limitée de la nature du pouvoir en place dans le Nigeria des années 1990 et de la manière dont fallait procéder pour l'évincer.

Le MEND est principalement un mouvement local, centré sur la région du Delta et les difficultés de ses habitants. Alors que le mouvement se faisait l'écho du langage civique et libérateur des ONG locales, il n'a pas adopté leur perspective pan-delta du Niger, nationale et internationale, et n'a pas recruté leurs alliés traditionnels dans les médias et la communauté droits-de-l'hommiste et pro-démocratie. Pire, le MEND pensait qu'il pouvait surpasser en puissance de feu un État qui, depuis l'époque coloniale, avait affronté et vaincu tous ses adversaires sur le champ de bataille. Adoptant une contre-stratégie, le gouvernement nigérian a réussi à ramener le défi du MEND à un problème ethnique *ijaw* et à chercher des médiateurs « tribaux » pour le résoudre. Des millions d'habitants locaux pauvres dans l'Ijawland et ailleurs dans la région, dont les principaux griefs furent volontairement ignorés par les médiateurs comme par le gouvernement, furent abandonnés à eux-mêmes. En outre, puisque le mouvement n'avait pas d'interlocuteurs dans la communauté droits-de-l'hommiste et pro-démocratie, le gouvernement a pu profiter de la tactique du MEND consistant à enlever des travailleurs du pétrole pour des demandes de rançons en vue de réduire son projet à du « banditisme ». L'intervention militaire qui s'ensuivit et le programme d'amnistie étaient véritablement les dernières escarmouches d'une guerre qui avait déjà été remportée par l'État sur le terrain intellectuel et politique.

Tout comme le mouvement zikiste avant lui, le *Save Nigeria Group* indique explicitement qu'il est un groupe de pression politique et que sa mission est d'introduire un ordre politique dans lequel seuls les meilleurs et les plus intelligents ont le mérite de servir le pays. Dans un monde post-soviétique, le seul moyen acceptable de prendre le pouvoir passe par les pratiques démocratiques et les partis politiques. Les partis politiques sont, à leur tour, définis par leurs politiques et programmes. Alors que Tunde Bakare et certains de ses principaux lieutenants sont membres du *Congress for Progressive Change*, il n'est pas évident de dire qu'ils ont réussi à obtenir le ralliement de la majorité du SNG. De fait, le *Save Nigeria Group* est, à l'instar de la CD, une fédération plus ou moins constituée de plusieurs organisations épousant des causes diverses et ne se regroupant pour faire campagne que lorsqu'il y a un consensus suffisant. Même si nous devions concéder que le CPC est leur moteur politique commun, le parti lui-même n'a encore fourni ni une analyse claire des problèmes sociaux et économiques du pays ni des politiques et programmes précis conçus pour s'attaquer à ces problèmes, alors que le contexte est vicié par une mondialisation effrénée. Mieux, la facilité avec laquelle le NLC et le gouvernement fédéral ont déjoué les plans du *Save Nigeria Group* et conclu un accord privé concernant la crise de la subvention de l'essence en janvier 2012, pendant que ce dernier avait paradoxalement le contrôle absolu du « pouvoir du peuple » dans la ville la plus peuplée du pays, soulève des questions à la fois sur la compréhension par ce mouvement de la nature du pouvoir dans le Nigéria d'aujourd'hui et sa capacité à nouer des alliances avec d'autres centres vitaux de contre-pouvoir à travers le pays.

Néanmoins, la rapidité et la férocité avec lesquelles les citoyens ordinaires ont réagi dans tout le pays à la suppression de la subvention de l'essence par le gouvernement central en janvier 2012, et la facilité avec laquelle Lagos a retrouvé son rôle de principal bastion civique du Nigéria au cours des manifestations, indiquent que les forces qui font pacifiquement pression en faveur d'un nouvel ordre politique fondé sur l'équité et la prospérité partagée, bien qu'étant toujours comateuses et mal organisées pour la plupart, ne se sont pas complètement effondrées. Le défi consiste à rallumer la bougie et en utiliser la lumière pour tracer une nouvelle voie vers la renaissance.

## CONCLUSION

TY Bello, une jeune chanteuse nigériane, déclare sur la pochette de son single à succès *The Future* : « À mon avis, les attentats à la bombe (d'Abuja) sont une métaphore de l'impuissance et de la tragédie imminente qui pourrait nous attendre si nous ne nous engageons pas davantage à bâtir le pays que nous voulons. Je me rends compte que la crise de la nation va au-delà de la politique. Nous devons personnaliser le Projet Nigeria et prendre position pour le Nigéria MAINTENANT » (Bello, 2010). Ces mots captent les frustrations, les espoirs et la promesse d'une nouvelle génération d'Africains qui arrivent rapidement à l'âge adulte dans un monde globalisé, alors même que le continent continue d'être tourmenté par des régimes d'impunité, la pauvreté grandissante et la résurgence du nationalisme ethnique. C'est précisément pour s'attaquer à ces défis, chacun à sa manière, que sont apparus les trois mouvements sociaux étudiés ici. Ces trois maux, sans surprise, reproduisent la situation coloniale. Ce qui m'amène à conclure que la nature, les objectifs et les stratégies du pouvoir colonial au Nigéria sont plus que d'actualité. C'est l'incapacité des mouvements sociaux nigérians, et de ces trois en particulier, à appréhender cette triste réalité et à adapter leurs stratégies en conséquence, qui explique la modestie de leurs victoires sur le champ de bataille.

Les politiques économiques néolibérales imposées au Nigéria et à d'autres États africains depuis le début des années 1980 ont sans aucun doute été un échec désastreux, et ce malgré des pseudo-spécialistes de l'économie qui, tout en propageant des statistiques douteuses, continuent d'assurer aux citoyens déshérités une prospérité imminente. Son double politique, la démocratie libérale, a enregistré des victoires modestes, mais même les pays qui ont exceptionnellement réussi la « consolidation démocratique » demeurent fragiles, secoués par un ordre économique mondial les empêchant de cultiver la citoyenneté dans la prospérité et les vertus civiques qui y sont affiliées, indispensables piliers de la démocratie au sens propre. Cernée par la pauvreté et les régimes irresponsables, et divisée par des hégémonies ethniques suscitées et entretenues par le pouvoir en place depuis les temps coloniaux, la société civile est incapable de régénérer la célèbre « sphère publique » qu'affectionne tout particulièrement Jürgen Habermas en la considérant comme le prélude à toute démocratisation de ce pouvoir.

De fait, les choses s'annoncent difficiles, compliquées davantage par l'hémorragie des cerveaux sur le continent, lorsque, ironie du sort, le mouvement néolibéral continue de prospérer. Par conséquent, cette crise qui va s'intensifiant nécessite une réponse intellectuelle, liée à un programme civique solide dont l'un des objectifs devrait être de forger une alliance avec des acteurs politiques visant les mêmes objectifs que les trois mouvements sociaux étudiés cherchaient à atteindre. Ce ne sera pas une tâche facile, que de faire du mouvement civique et non pas le parti explicitement politique le principal moyen de lutte contre un État autoritaire et léonin. Cependant, des groupes de réflexion progressistes alliés aux universitaires, et des ONG pan-nationales établissant des relations productives avec les premiers pendant qu'ils servent en même temps de catalyseurs aux syndicats, aux associations professionnelles, aux groupes de femmes et de jeunes et à d'autres associations civiles, peuvent élargir le champ de l'engagement politique, définir et modeler l'agenda du discours politique public et, une fois la démocratie mise en place par les citoyens eux-mêmes, lui servir de protecteur ultime.

Bello entonne une chanson émouvante et envoûtante. Si elle refuse d'y aborder explicitement l'aspect politique, il n'en demeure pas moins que c'est la beauté de sa musique et les puissantes paroles qu'elle véhicule qui, au final, donnent de l'espoir à tout autre intrépide qui œuvre à l'avènement d'un régime politique prévoyant et autorégulateur.

## RÉFÉRENCES

Bello, O. (2011) *FG Orders JTF Ceasefire: FNDIC Role* (Chapbook printed in Warri, Nigeria).

Bello, TY (2010) *The Future* (Album disponible dans tous les magasins de musique du Nigeria et aussi sur Internet). Bello, O. 2011.FG Orders JTF Ceasefire: FNDIC Role. Warri, Nigeria: Delta Vanguard.

Bakare, T. (2010) "2011: Campaign for Free, Fair and Credible Polls" (Discours présenté au Centre international de conférences, Abuja, le 31 mai 2010).

Burkhalter, H. (1993) "Human Rights and Political Developments in Nigeria" (Témoignage devant la Chambre de la Commission des affaires étrangères sur les affaires africaines, 4 août 1993).

Dare, S. (2007) *Guerrilla Journalism: Washington, DC. Dispatches from the Underground*, Ibadan: Kraft Books.

Falola, T. and Ihonvbere J. (1985) *The Rise and Fall of Nigeria's Second Republic, 1979-1984*, London: Zed Books.

Federal Government of Nigeria (2007) "Terms of Reference of the Joint Committee on the Implementation of the Agreed Roadmap to Peace In the Ijaw Areas of the Niger Delta" (Lettre ronéotypée adressée à Oboko Bello, 17 septembre 2007).

Forrest, T. (1995) *Politics and Economic Development in Nigeria*, Boulder, Co: Lynne Rienner.

Ijaw Youth Council (1998) *The Kaiama Declaration,* Port Harcourt: Ijaw Youth Council.

Jega, A. (2000) eds, *Identity Transformation and Identity Politics Under Structural Adjustment in Nigeria*, Uppsala and Kano: Nordiska Afrikainstitutet in collaboration with the Centre for Research and Documentation.

Okonta, I. (2006) "Behind the Mask: Explaining the Emergence of the MEND Militia in Nigeria's Oil-Producing Niger Delta", University of California, Berkeley Working Papers on the Economies of Violence. Disponible sur :

http://oldweb.geog.berkeley.edu/ProjectsResources/ND%20Website/NigerDelta /WP/11-Okonta.pdf [consulté en avril 2013].

Okoye, M. (1979) *A Letter To Dr Nnamdi Azikiwe. A Dissident remembered,* Enugu: Fourth Dimension.

Olukoshi, A. (1997) "Associational Life", in L. Diamond, A. Kirk-Greene and O. Oyediran (eds). *Transition without End: Nigerian Politics and Civil Society Under Babangida*, Boulder, Co: Lynne Rienner.

Save Nigeria Group (2012) Site web : savenigeriagroup.com/about/php [visité le 13 juin 2012].

## JOURNAUX

1. *African Guardian*, 16 octobre 1989 ("Dawn of a New Socio-political Order", message à la nation par le Général Ibrahim Babangida).
2. *Thisday*, 3 juin 2012 ("MKO and the Last Flight to Johannesburg").
3. *The Nation*, 5 juin 2009 ("Why Military Action is On in the Niger Delta", par le Président Yar'Adua).
4. *The Guardian*, 8 août 2010 ("What US' Hillary Clinton and Nigeria's Ajumogobia discussed").
5. *The Sun*, 20 janvier 2012 ("Save Nigeria Group Disowns Bakare").
6. *The Nation*, 18 janvier 2012 ("Save Nigeria Group Threatens Court Action").
7. *The Sun*, 25 mars 2012 ("Olisa Agbakoba: I have power to predict the future").

## CHAPITRE 6

# LES MOUVEMENTS SOCIAUX EN FAVEUR DE LA JUSTICE CLIMATIQUE : FORCES ALTERNATIVES DE DÉVELOPPEMENT OU AGENTS DU CHANGEMENT EN AFRIQUE

***Fidelis Allen***

L'Afrique vit actuellement une ère au cours de laquelle plusieurs organisations de la société civile à travers le monde, notamment dans les pays en développement, exigent des modèles alternatifs de développement. L'ordre néolibéral par lequel la politique et l'économie sont organisées semble avoir clairement failli dans son traitement des questions fondamentales de développement. C'est ainsi que de plus en plus de militants demandent le changement. Il y a en effet une inquiétude grandissante quant au problème de la pollution industrielle, au chômage croissant, à la pauvreté, au changement climatique, aux manipulations politiques, aux atteintes aux droits de l'homme, à la mauvaise qualité des services publics, etc. À Durban, par exemple, les résidents des communautés où les principales raffineries de pétrole de l'Afrique du Sud et des sociétés manufacturières sont implantées sont bien connus pour s'être opposés régulièrement et avec témérité à la pollution industrielle (Weston, 2011 ; Pithouse, 2006)[1]. Ils ont pu faire le lien entre les questions environnementales (telles que le changement climatique et les déversements de pétrole, par exemple), les questions de bien-être

[1] Les membres du South Durban's Community Environmental Alliance (SDCEA/*Alliance Environnementale de la Communauté de Durban Sud*) qui sont les principaux résidents des quartiers de Durban Sud sont régulièrement confrontés aux problèmes qui vont de la pollution industrielle à la mauvaise qualité des services publics municipaux. Nous avons maintes fois rendu visite à ces communautés qui sont essentiellement indiennes et noires. Les activités de raffinage de pétrole dans la zone créent des problèmes sanitaires liés à la pollution que la SDCEA combat par exemple. Kennedy Road est devenue célèbre en raison de la crise du logement qui a éclaté entre le gouvernement et le *Mouvement des Shack Dwellers* (habitants des taudis).

général (mauvaise qualité des services publics, chômage, pauvreté, accès à l'électricité et à la santé, etc.) et le changement économique, politique et social plus largement. Durban dans son ensemble peut être considéré comme un foyer d'activisme de la société civile qui fait facilement le lien entre les questions intérieures, les questions environnementales globales et celles qui relèvent des autres domaines du développement de l'Afrique du Sud.

Après deux décennies de tergiversations et de refus par beaucoup, une masse critique issue de franges diverses du mouvement environnemental global ainsi que les élites économiques et politiques ont fini par reconnaître la réalité et la science du changement climatique. Cette crise trouve ses racines dans l'abus de combustibles fossiles par les nations les plus prospères (Bassey, 2011 : ix). La contribution des pays africains à la masse totale des émissions de gaz à effet de serre dans l'atmosphère – et qui sont la cause du changement climatique – ne représente qu'un taux marginal de 3,5% tandis que les pays développés portent la majeure partie du blâme du fait des nombreuses années d'industrialisation et d'utilisation de combustibles fossiles. Ils ont, dit-on de nos jours, une dette écologique vis-à-vis du monde et de ses habitants.

Dans le domaine de l'écologie politique, les industries extractives sont au cœur de la catastrophe climatique qui se profile à l'horizon. Le caractère destructeur de la production et de la distribution de ce secteur est visible partout en Afrique. Sur ce point, nul besoin de répéter ce que la science du changement climatique dit : l'origine coloniale et néocoloniale du pillage du continent sans considération pour le climat ou l'environnement est un élément important de l'histoire de la crise. Vu les signaux retentissants fournis par la science du changement climatique au sujet du danger qui guette et vu le peu de temps dont nous disposons pour agir, la question d'un mode de développement et de production énergétique plus sûr se pose plus que jamais. Pendant ce temps, les élites politiques africaines semblent ne pas se soucier d'apporter les vraies réponses à cette crise. Ce qui justifie que la plupart des Africains sont généralement pessimistes s'agissant de la capacité des élites à sortir le continent de l'ornière[2].

[2] Le musicien nigérian Femi Anikulapo Kuti représente clairement cette classe d'Africains, si l'on en juge par sa réponse à une récente interview avec un journaliste. Il s'est exprimé sur la célébration de son cinquantième anniversaire

Depuis les indépendances, plusieurs pays africains ont connu une pauvreté, une inégalité et un chômage croissants. Au vu de leur incapacité à traiter ces problèmes et de leurs échecs dans ces domaines, certains chercheurs ont décrit les élites politiques africaines comme souffrant de « paralysie politique ». Ce qui doit être considéré comme une partie des problèmes généraux de développement de l'Afrique. Selon Patrick Bond (2012), « la paralysie de l'élite est un élément crucial dans l'injustice climatique ». Au moment où la pression exercée par les organisations de lutte pour la justice climatique monte sur les Nations unies et les gouvernements africains, les élites politiques ont montré une préférence inconditionnelle pour les stratégies néolibérales de traitement du changement climatique. Ces organisations font pression en vue de l'adoption d'un système de production et de consommation énergétiques qui accorde une faible place aux combustibles fossiles. Mais l'élite politique africaine demeure peu sensible à cette demande. Elle est programmée systématiquement pour promouvoir des solutions néolibérales aux problèmes de société. Dans la mesure où la question écologique prend une part prépondérante sur l'agenda politique du développement en Afrique, la question de savoir comment en finir avec ces excès est devenue cruciale.

Dans le contexte d'analyses dialectiques[3] des interrelations[4] entre l'économie écologique, l'écologie politique et les mouvements sociaux

comme suit : « Je pense que c'est important pour nous parce que la plupart d'entre nous meurent jeunes ici au Nigéria. Si vous survivez jusqu'à 50 ans, ce n'est pas négligeable du fait du stress dans notre pays – pas d'électricité, des soins de santé inexistants, on ne peut pas nourrir sa famille, rien ne marche dans ce pays. C'est si stressant. » (*Daily Independent,* 2012).

3 Bien qu'il existe divers courants de la dialectique de nos jours, cette notion est utilisée dans cet article pour faire référence à la science du mouvement, de la contradiction et de l'opposition qui relaye l'idée de l'inévitabilité du changement. En tant que moyen de scruter le monde, la dialectique est destinée dans la théorie marxiste à orienter les mouvements ouvriers dans leurs luttes pour une société juste et équitable. Selon Rob Sewell, elle est similaire à une boussole ou à une carte qui permet aux gens de s'orienter dans le tourbillon des événements et leur permet de comprendre les processus sous-jacents qui façonnent le monde (Sewell, 2002). La théorie marxiste classique de la crise économique suit cette pensée dans laquelle l'inévitabilité de la crise du capitalisme mènera à des régimes politiques supérieurs et plus qualitatifs. Le processus est défini par la logique du matérialisme dialectique qui se fonde sur

en Afrique, les écologistes politiques ont accusé Marx (1885) d'avoir négligé les questions environnementales – ou la nature – dans son analyse de la reproduction du capitalisme. Il discute du flux circulaire de la production capitaliste et de la crise sans la composante constituée par la crise environnementale. D'où une certaine tendance à considérer la nature comme un don. Cette position a été critiquée par les écologistes politiques[5]. Mais la bonne nouvelle est que nous pouvons établir un lien entre le marxisme, l'écologie politique, l'économie écologique et le processus de formation des mouvements sociaux. Comme certains chercheurs du mouvement social l'affirment : en l'absence de mouvements ouvriers révolutionnaires au XXI^e^ siècle, les mouvements environnementaux peuvent jouer un rôle important dans l'orchestration d'un changement social radical (Clark et Foster, 2010).

Partant de là, cet article examine le rôle que des mouvements sociaux radicaux en faveur de la justice climatique peuvent jouer en Afrique lorsqu'il s'agit d'atteindre des objectifs politiques, économiques et environnementaux élargis. Il s'appuie sur un matériel bibliographique, sur des entretiens avec des militants à Durban et au Delta du Niger ainsi que sur des observations personnelles de l'auteur sur les activités des militants. Notre hypothèse est que les questions écologiques peuvent jouer un rôle important dans l'émergence de mouvements sociaux locaux et dans le rejet des solutions néolibérales au changement climatique, à la pauvreté, à la faim, au chômage, à l'inégalité, à la manipulation des processus par les élites politiques et à la destruction des écosystèmes. Ces évolutions présentent plusieurs tendances. Elles peuvent servir notamment de plateforme pour la conception de modèles alternatifs de développement dans lesquels les classes opprimées seront au centre des politiques et de l'organisation de la production.

l'idée de la contradiction ou de l'opposition dans son ensemble (négation de la négation). Voir McNall (1979).

4 Un aspect de la logique dialectique, c'est la certitude du changement. Quel est le rôle que les mouvements sociaux doivent jouer dans ce processus ? Ils sont des agents du changement par rapport à leur engagement direct et indirect dans le processus de changement.

5 Pour une vision alternative de la pensée marxiste dans sa relation avec l'écologie, voir Foster (2009 ; 2000) et Burkett (1999).

## LES ÉLITES POLITIQUES ET LE DÉFI DU DÉVELOPPEMENT EN AFRIQUE

La méfiance croissante vis-à-vis de la capacité et de la volonté de l'élite politique africaine de poursuivre des objectifs de développement[6] qui génèrent un niveau de vie de qualité pour les citoyens ordinaires n'est pas sans lien avec les déceptions découlant des années vécues sous l'État néolibéral postcolonial. La réponse politique des élites aux problèmes cruciaux tels que la pauvreté, l'inégalité, le chômage, le changement climatique, etc., semble les avoir aggravés. Les élites sont accusées de véhiculer des politiques, pratiques et positions « antisociales » qui œuvrent contre les attentes de développement des citoyens. Sur la base de l'évaluation des relations État-société de l'époque récente, la majorité d'entre elles considère à peine le bien-être de leurs citoyens comme une priorité. Il en résulte une tendance au déclin du continent (Bond, 2006). Selon Moeletsi Mbeki (2005), « les élites politiques qui dans les années 1960 ont pris le relais dans les pays africains considéraient [...] le gouvernement comme une source de pouvoir et d'enrichissement personnel ». Il les décrit comme des prédateurs et affirme que « la cause profonde des problèmes de l'Afrique réside dans les élites politiques au pouvoir qui ont dilapidé la richesse du continent et bloqué sa productivité au cours des quarante dernières années ».

Cette explication semble plus vraie chaque jour. Les leaders africains semblent avoir usé du pouvoir surtout comme d'un mécanisme pour s'enrichir avec l'argent public. Plusieurs exemples existent, y compris au Nigéria où quelques politiques et membres de l'élite économique ont imposé des décennies de souffrance aux citoyens ordinaires à travers des régimes draconiens et corrompus reposant sur la production pétrolière, la subvention et la vente de carburant. Une enquête en cours sur l'industrie

---

6 L'attitude consistant à définir le développement en termes de croissance, de Produit intérieur brut ou de revenu par tête d'un pays n'aborde pas la façon dont le revenu est distribué. Elle ne rend pas compte de la coexistence possible entre une pauvreté et un chômage à la hausse avec une croissance économique dynamique, comme c'est le cas au Nigéria actuellement. Même l'approche de l'*Indice de développement humain* du Programme des Nations unies pour le développement, qui prend en compte des facteurs économiques et non économiques, est faussée par les influences de normes occidentales. Le concept de développement est tout sauf neutre d'un point de vue axiologique. Voir Rist (2001).

pétrolière menée par le gouvernement révèle une corruption massive. Les sociétés pétrolières semblent avoir maintenu leurs licences d'exploitation grâce à la corruption et à l'influence politique (Nwokoji, 2012 ; Udo, 2012). Dans le cas de la Guinée Équatoriale, les entreprises multinationales versent apparemment des sommes d'argent énormes sur le compte du président Obiang Nguema (Mbeki, 2005). Cette collusion malsaine et corruptrice entre plusieurs leaders africains et les sociétés multinationales a atteint un seuil critique et va à l'encontre des intérêts de développement en Afrique. Si la corruption est un frein au développement (Ologbenla, 2007), elle a des origines coloniales comme l'a rappelé William Gumede (2012) : « dans la plupart des anciennes colonies africaines, l'élite coloniale a centralisé le pouvoir politique, économique et civil [...] ; les institutions qui auraient dû servir traditionnellement de garde-fous contre la corruption [...] n'ont servi que l'élite ».

Après des années de tragédie coloniale et de pillage, un processus de transformation qui offre aux citoyens une liberté politique et économique était devenu crucial. Le début de l'ère postcoloniale aurait dû définir le futur de ces pays et de leurs citoyens. Soit la classe politique était emportée par l'euphorie de l'indépendance politique soit elle était inconsciente de la conspiration et de la technologie du projet néocolonial. Quoi qu'il en soit, ils utilisaient et continuent d'utiliser le pouvoir étatique pour perpétuer le pillage oppressif de type colonial des ressources de l'Afrique.

Le colonialisme a reconfiguré le continent en économies extractives et monoculturales pour servir les intérêts d'un régime d'exploitation postcolonialiste. La jeune classe politique qui a émergé juste avant ou peu de temps après les indépendances ne pouvait soulever un coin du voile mais a saisi l'opportunité de devenir les nouveaux « Maîtres ». Ils ont adopté les différents paradigmes de développement l'un après l'autre en réponse aux vicissitudes de la modernité. « La façon dont les États et les spécialistes du développement justifient la manière d'engager les ressources économiques dans le développement est influencée dans une large mesure par leur degré d'adhésion aux théories spécifiques sur le développement de l'Afrique », écrit Matunhu (2011 : 65).

Le problème est que les théories dominantes prescrivent un modèle de développement occidental dans lequel tout ce qui est différent – que ce soit en politique, en économie, dans la culture, la technologie, l'agriculture – ne doit pas être considéré comme adapté au progrès. Elles expliquent le sous-développement et la façon d'y remédier en insistant sur les modèles occidentaux en termes de solutions. Les facteurs externes sont occultés dans l'explication des problèmes du développement. Au contraire, les facteurs internes qui souvent ont mené à des propositions déterminées de l'extérieur, mettent au-devant des politiques, programmes et actions qui protègent clairement les intérêts des Occidentaux. Aussi bien les programmes d'ajustement structurel de la fin des années 1980 et 1990 que les mécanismes actuels d'échange de quotas d'émissions pour l'atténuation du changement climatique ont pour soubassement les retombées économiques escomptées par les élites politiques et économiques néolibérales.

L'idée erronée selon laquelle la poursuite de la croissance économique est synonyme de développement est ancrée dans l'école de la modernisation[7]. La « modernisation » a été offerte comme paradigme de développement par les chercheurs occidentaux au moment de l'accession à l'indépendance de plusieurs pays africains, comme un volet du projet de création d'une infrastructure du savoir qui soutienne ou facilite la reconfiguration du continent en économies extractives. Selon Richard Peet et Elaine Hartwick (2009 : 204), « la théorie de la modernisation, théorie du développement la plus influente dans le champ de la sociologie, est excessivement eurocentrique en termes d'explication de la suprématie universelle du rationalisme occidental et des institutions occidentales. La théorie de la modernisation soutient en peu de mots ceci : si vous voulez vous développer, faites comme nous ». Cette conception du développement a pris le pas sur la créativité politique, ravalant les élites politiques à l'état de simples acteurs d'un script écrit par les Occidentaux. La « modernisation » reflète ces valeurs et sert d'instrument pour l'avancement du projet colonial au sein d'une Afrique néocoloniale. Comme le dit Stephen McCloskey (2009), « la modernisation est un processus par lequel les sociétés évoluent d'un état vers un autre, d'un point de départ à un point d'arrivée ». En Afrique, cette transition est encore guidée par les principes des systèmes de marché libre. Ceci

[7] La modernisation est une pensée du développement enracinée dans le capitalisme qui a émergé dans les années 1950. Ce n'était pas une coïncidence si elle est apparue au moment où plusieurs pays africains s'apprêtaient à vivre les derniers instants ou dernières années du contrôle colonial direct sur leurs territoires.

implique le libre-échange et l'accès aux activités économiques essentielles ainsi qu'aux ressources de ces pays par les puissances impérialistes. Malheureusement, les hommes politiques de l'époque postcoloniale continuent de suivre ce mode de pensée sur le développement au détriment du changement dans les conditions de vie des citoyens d'Afrique.

La crise économique mondiale de 2008, dont nous ne semblons clairement pas sortis à ce jour, n'a pas non plus changé le rôle des élites politiques en tant que complices dans la survie et l'expansion du capitalisme. Les conséquences des excès des décideurs politiques se reflètent par une famine croissante, les problèmes d'habitat, la pauvreté, la dictature, la corruption et la menace d'extinction de la vie humaine et non humaine du fait de la hausse des températures dans le monde. Ces questions façonnent un mode de pensée spécifique sur le développement et le rôle d'une société civile radicale. De l'avis des critiques de la théorie de la modernisation, le capitalisme, mieux représenté par les activités des multinationales, joue un rôle significatif dans l'échec politique, économique et environnemental de l'Afrique.

Dans les analyses de ce dilemme du développement, certains affirment que, depuis les indépendances, les élites politiques se sont concentrées sur « la construction de la nation » dans les pays africains en tentant de régler les problèmes créés par le partage arbitraire de l'Afrique par les Européens en 1884 et 1885 (Sall, 2004). Les élites politiques nationalistes craignaient que l'État postcolonial ne fût caractérisé par des luttes politiques pour transcender ces frontières arbitraires. Au contraire, les guerres pour l'ajustement des tracés des frontières internationales en Afrique ont été rares. En fait, à part la Tanzanie et l'Ouganda, aucun pays du continent n'a mené de guerre pour un retraçage des frontières. Mais les guerres internes prolifèrent. Les guerres de sécession (cas du Nigéria de 1967 à 1970, du Soudan et du Sénégal) reflètent les lacunes de la démarche de « construction nationale » créées par les Européens. Les élites politiques, distraites par les projets de construction nationale, ont été empêchées de percevoir l'influence capitaliste qui se cachait derrière.

## CRISE ÉCOLOGIQUE

Les interactions entre le politique et l'écologique ont pris de l'ampleur au cours des deux dernières décennies. Ceci se reflète dans les nombreuses campagnes menées contre les impacts environnementaux néfastes de certaines activités humaines. Que ce soit dans le Delta du Niger où l'industrie pétrolière a fortement endommagé l'environnement ou à Durban Sud où la pollution industrielle est devenue depuis longtemps banale, l'ordre néolibéral est pointé du doigt puisque tenu pour responsable du caractère destructeur de la sphère productive. Même les capitalistes néolibéraux l'admettent. Le capitalisme constitue un défi sérieux pour le développement de l'Afrique et la survie du globe. Le changement climatique, qui est apparemment l'expression la plus visible de l'interaction entre le politique et l'écologique, s'inscrit absolument dans la dynamique du capitalisme.

Les méthodes paléoclimatiques et les satellites ont été utilisés par les climatologues pour étudier la manière dont le climat répondait aux activités humaines. Les résultats montrent que la terre sera affectée de manière disproportionnée. James Hansen fait référence au réchauffement climatique actuel comme étant « une urgence planétaire », avec la possibilité d'une hausse des températures de la planète au-delà de quatre à cinq degrés Celsius. Hansen avertit que l'utilisation sans relâche du combustible fossile est à la base de cette urgence qui n'est pas sans lien avec la perception que la terre est un système dans lequel tout est interconnecté (Hansen, 2008 ; Hansen et Sato, 2012). La destruction de la terre est par conséquent une destruction de soi (Gore, 2007). Les émissions générées par la production et la consommation de combustibles fossiles impactent de façon systémique la nature et les êtres humains de façon destructrice. « Un défi majeur au seuil du XXI^e^ siècle c'est de décarboniser et de dématérialiser l'économie mondiale à temps pour éviter des changements irréversibles sur l'environnement mondial et local », ont observé Glemarec et de Oliveira (2012 : 200)[8]. Les

[8] Glemarec et de Oliveira (2012) affirment « qu'il y a quatre paradigmes de développement qui dominent le débat actuel sur la meilleure façon d'atteindre les propriétés essentielles – social, économique et environnemental – du développement durable, notamment, (1) un paradigme du développement axé sur la croissance, (2) un paradigme du développement en faveur des pauvres, (3) un paradigme du développement axé sur la croissance verte et (4) un paradigme du développement axé sur la croissance résiliente ». Bien que considérés comme mutuellement exclusifs, ces paradigmes se complètent. Ils sont toutefois inadéquats pour le défi du développement durable. « Le paradigme du nouveau développement durable exigera une transformation substantielle du présent modèle de développement économique analogue à ce que les économies en transition ont subi durant la révolution industrielle ».

conséquences de la pollution de l'environnement par des gaz dangereux sont donc universelles, bien que ce soit à des degrés variables. L'Afrique est l'une de ces régions susceptibles de subir des impacts sévères. Selon les experts, sur tout le continent, les signes d'une catastrophe écologique globale imminente sont visibles. Déjà, les phénomènes météorologiques extrêmes en Afrique de l'Ouest affectent l'agriculture paysanne rurale. Les agriculteurs et les pasteurs ont montré la manière dont le climat est en train de changer et de quelle manière il les affecte présentement (Magrath, 2010).

L'agriculture pluviale qui est pratiquée par la plupart des agriculteurs africains est affectée par les pluies et la chaleur extrêmes. Dans le cas des zones côtières au Delta du Niger – plus de 800 kilomètres –, l'agriculture devient une activité de plus en plus futile pour nombre de paysans en raison d'inondations récurrentes. Ceux qui vivent sur les rivages sont très vulnérables. Une élévation mineure du niveau de la mer peut submerger leurs habitations et fermes. Pendant ce temps, la pauvreté aggrave le problème. Selon le Programme des Nations unies pour l'environnement (PNUE), il y a en Afrique cinq domaines principaux dans lesquels l'environnement est menacé : le climat, l'eau douce, les océans, les mers, ainsi que la biodiversité. Il a récemment révélé dans ses « Perspectives mondiales en matière d'environnement » que la sécheresse en Afrique a augmenté de 38% entre 1980 et 2000. La région aride et semi-aride de l'Éthiopie, où le manque d'eau pour la consommation humaine, le bétail et l'agriculture est devenu aigu, en est un bel exemple. Environ 80% des personnes qui y vivent n'ont pas accès à l'eau (PNUE, 2012). Le Panel intergouvernemental sur le changement climatique affirme que le changement climatique est provoqué par les activités humaines (IPCC, 2007). Selon Satish Kumar (2009 : 122), le changement climatique « menacera les éléments de base de la vie humaine tels que l'accès à l'eau, la nourriture, la santé, l'occupation des terres – qui est toujours considérée comme acquise – et l'environnement ».

Si la communauté des décideurs politiques internationaux reconnaît ces défis[9], elle omet d'aller au-delà des instruments de marché pour ce

9 Jusqu'en 1972, les questions environnementales ou écologiques ne figuraient pas sur l'agenda politique des institutions multilatérales, lorsque la première Conférence des Nations unies sur l'environnement humain s'est tenue à Stockholm. Il ne s'agissait pas d'une rencontre entre chefs de gouvernement uniquement car la communauté scientifique environnementale et la société civile

qui est des solutions (Slunge et Loayza, 2012). Ces derniers sont inadéquats pour le nouveau paradigme du développement durable (Garcia-Guadilla, 2005)[10]. Certains ont insisté sur l'intégration des « préoccupations et opportunités environnementales dans les plans, stratégies et politiques nationaux et sectoriels » (Nunan *et al.*, 2012 : 262). Les organisations, ministères et agences de gouvernement concernés devront intégrer verticalement et horizontalement ces opportunités. Le nouveau paradigme du développement exige une transformation sociale, économique et politique substantielle (Glemarec et de Oliveira, 2012). Ceci dépend toutefois de la manière dont les décideurs politiques conçoivent le développement.

Lors du 20e *Sommet de la Terre* (Rio+20) en juin 2012 à Rio de Janeiro, l'Organisation de coopération et de développement économiques (OCDE) a exhorté « les pays en développement à adopter les stratégies de croissance verte afin de stimuler le développement durable » (Onuorah, Muanya et Onomo, 2012). Ils disent que ceci « va réconcilier les objectifs environnementaux avec la croissance économique et la réduction de la pauvreté ». Mais le modèle ne mentionne pas les menaces sur les écosystèmes (Resnick *et al.*, 2012). De la même manière, il n'attaque pas le problème à la racine (Bond, 2000)[11]. La séparation entre les préoccupations environnementales et le développement devrait être dépassée mais elle demeure une partie du langage des élites politiques. Aucun exemple récent n'est plus illustratif que celui du ministre brésilien des Affaires étrangères Antonio Patriota. Il aurait déclaré que « le sommet ne peut pas uniquement traiter de l'environnement. Il doit traiter

étaient également présentes. La décision de créer le Programme des Nations unies pour l'environnement fut prise lors de cette rencontre. Le biologiste américain Barry Commoner n'était pas satisfait dans la mesure où il avait le sentiment que les chefs de gouvernement auraient dû prendre des décisions concernant le développement d'industries qui ne polluent pas l'atmosphère au lieu de décisions concernant le contrôle de la pollution. Voir Black (2012).

10 La trajectoire néolibérale que les leaders africains empruntent fait référence à la dévotion pieuse des décideurs politiques aux principes du marché libre à l'échelle nationale et multilatérale lorsqu'il s'agit du règlement des questions écologiques. Les critiques soulignent les graves impacts économiques, sociaux, environnemen-taux et politiques sur les citoyens ordinaires en Afrique et la manière dont ceci galvanise la réaction de la société civile.

11 Les critiques soulignent l'incapacité du néolibéralisme à traiter les questions environnementales associées à la croissance économique verte.

du développement » (Prada et Chestney, 2012). Ceci reflète un contournement systématique des questions environnementales dans le débat sur le développement par les élites politiques des pays en développement.

## DU RÔLE DES MOUVEMENTS SOCIAUX

Les questions politiques et écologiques peuvent-elles de façon dialectique jouer un rôle dans la résolution de la question du développement en Afrique[12] ? En analysant la nature de la crise climatique et la réponse des organisations œuvrant pour la justice climatique, nous sommes en mesure de répondre par l'affirmative, bien que le processus de réalisation de ceci soit très compliqué. Bref, tout en reconnaissant le rôle limité que les élites politiques peuvent jouer – ou ont joué – dans la marche de l'Afrique vers le développement, le rôle essentiel dans la promotion du développement attendu de la société civile ou des mouvements sociaux peut être établi si nous devons apprendre ou tirer avantage de l'inspiration apportée par les militants de la justice climatique dont l'engagement implique la quête d'une alternative de développement qui relève du fondement même du bien-être économique, politique, environnemental et social des citoyens. Certains chercheurs du mouvement social ont prédit qu'en l'absence de mouvements ouvriers radicaux au XXI^e^ siècle, les mouvements écologistes joueront un rôle très important dans l'impulsion du changement social (Clark et Foster, 2010).

En marge de la réponse que le mouvement pour la justice climatique peut apporter, nous devons reconnaître que la société civile a la capacité de propulser le changement. Elle a joué un rôle important dans les luttes politiques dans plusieurs pays africains. En Afrique du Sud, la société civile constituait une partie importante du mouvement de libération dans la lutte contre l'Apartheid. La prise de pouvoir finale (transition) par Nelson Mandéla ou par l'ANC (Congrès national africain) est révélatrice de ce point de vue (Ballard, 2005 : 77). En République du Bénin, les luttes pour la justice sociale menées par la société civile ont abouti à la Conférence nationale de 1989, au cours de laquelle d'importantes décisions politiques ont été prises concernant la démocratie dans le pays. Au Nigéria, le mouvement estudiantin a joué un rôle important dans

[12] Bond (2012) discute de la frustration causée par les élites de la politique climatique en Afrique du Sud et au plan multilatéral. Il explique la montée de la justice climatique en tant que mouvement venu d'en bas.

l'abrogation du pacte anglo-nigérian proposé en 1962. Les étudiants étaient actifs au cours d'émeutes contre les plans d'ajustement structurel des années 1980. La jeunesse a soutenu les groupes qui s'opposaient à SHELL en pays Ogoni et a été active en résistant par la suite aux tentatives de la société et du gouvernement fédéral à reprendre la production pétrolière dans la zone. La jeunesse Ogoni mène actuellement des campagnes contre le manque d'intérêt affiché par le gouvernement au sujet de la mise en œuvre du rapport d'impact environnemental du PNUE en pays Ogoni. Ce rapport pointe la responsabilité de SHELL dans la dégradation des terres, du sol et de l'air.

Il a fallu dix-huit jours de protestation démocratique de la jeunesse pour que le Président égyptien Moubarak accepte de démissionner le 11 février 2011 après trente ans de règne[13]. De même, il a fallu vingt-huit jours pour mettre fin au régime de vingt-trois ans du Président tunisien Ben Ali. C'est de cette façon que les régimes antidémocratiques dépassés (parmi lesquels le cas controversé de la Libye) ont été liquidés ou ébranlés par les citoyens. Il s'agit de questions qui font l'objet de controverses importantes dont les tenants et les aboutissants sont parfois difficiles à cerner. Néanmoins, quelques leçons claires peuvent être tirées, notamment le rôle clé des mouvements sociaux dans les luttes politiques. En effet, en tant que piliers et source d'espérance pour l'homme de la rue, ils s'opposent aux groupes d'opposition politique formels tels que les partis politiques. Jean-Pierre Filiu identifie la leçon de la colère et le pouvoir des jeunes générations contre les régimes oppressifs et autoritaires. Comme il le fait remarquer, « les jeunes militants sont fiers d'être à l'avant-garde des protestations démocratiques, et les *shebab* (jeunes) en ont payé un lourd tribut » (Filiu, 2011 : 31). Ce tribut ne peut être payé que lorsque la valeur ou la récompense perçue de l'inaction est inférieure à ce qui est considéré comme un gain de la participation. La plus grande leçon est peut-être que le changement politique et

[13] Le soulèvement en Égypte du 25 janvier 2011, qui a mené à la révocation du Président Hosni Moubarak, doit encore générer des résultats probants sur les questions liées au chômage, à la faim, à la dictature, etc. Au contraire, les forces néolibérales sont en œuvre pour déterminer les processus politiques et le résultat. Les milieux dirigeants militaires et politiques s'attellent principalement à rétablir l'ancien ordre dans lequel le peuple qui s'est rassemblé à la Place Tahrir peut demeurer marginalisé. La marche vers la démocratie est un long chemin, guidé par les militaires !

économique peut être suscité par une opposition déterminée autour d'une société civile qui cherche des opportunités de « renégocier les droits des citoyens » (Sall, 2004).

Depuis la sécession du Sud-Soudan en 2011, le Soudan démontre qu'il a un mouvement estudiantin qui a la capacité d'entraîner les personnes issues de toutes les couches de la société dans des protestations contre les difficultés économiques imposées par les politiques et manipulations néolibérales de forces externes. Le gouvernement, qui dépendait principalement des revenus pétroliers avant la sécession, devra se passer au moins des trois quarts des revenus que générait auparavant la production pétrolière. Ceci signifie que des ajustements devront être opérés sur le budget national en vue de combler le gap. Le gouvernement du Président Omar Hassan El Béchir a récemment annoncé des coupes budgétaires de 2,4 milliards de dollars, la suppression des subventions sur le carburant et une hausse des taxes et des droits de douane sur les produits de luxe. Pendant ce temps, la production pétrolière au Sud-Soudan s'est arrêtée à cause des désaccords avec le Soudan sur les profits tirés du pétrole. Ce qui est en question, c'est à la fois le rôle joué par l'oligarchie pétrolière néolibérale dans la genèse de ces difficultés, la réaction des citoyens et la menace de guerre entre les pays après la guerre de sécession (Dorsey, 2012).

## LES ACTEURS DU MOUVEMENT SOCIAL RADICAL EN FAVEUR DE LA JUSTICE CLIMATIQUE

Les mouvements sociaux radicaux sont un ensemble ou une coalition de groupes de mouvements sociaux motivés et convaincus par les valeurs qui rejettent l'inégalité, la destruction des écosystèmes, la pauvreté, la faim, le chômage, le changement climatique, les solutions pro-marché aux problèmes environnementaux, la corruption et le capitalisme. Ils sont déterminés également à stopper ou à retirer leur soutien politique aux régimes politiques qui ne recherchent pas des solutions alternatives au néolibéralisme.

En Afrique, Durban Sud et le Delta du Niger au Nigéria sont les principaux centres des activités des groupes de justice environnementale communautaires. Par exemple, l'Alliance environnementale de la Communauté de Durban Sud (*South Durban Community Environmental Alliance*) joue un rôle pionnier dans le traitement de diverses questions parmi lesquelles la piètre qualité des services publics, le chômage, la pauvreté et la pollution industrielle. Elle recourt à « la politique du détail » (*retail politics*) pour confronter régulièrement l'État et les entreprises à ces questions. Sous sa houlette, et grâce à la créativité avec laquelle les responsables de l'organisation ont pu mettre sur le même plan les questions relatives au changement climatique et à la pollution industrielle générale et la pauvreté, le chômage ainsi que la santé des citoyens, plusieurs communautés résidant à Durban Sud sont sensibilisées et font de la résistance par rapport à ces enjeux écologiques. De même, le MOSOP (*Movement for the Survival of Ogoni People* – Mouvement pour la survie du Peuple Ogoni) et la principale organisation environnementale au Nigéria, le *Environmental Rights Action/Friends of the Earth* ont mené une campagne contre la pollution pétrolière et ses effets immédiats pendant des décennies. Toutefois, les questions climatiques ne sont pas populaires à l'échelle ethnique/des communautés de base que le MOSOP représente.

« La perspective est là parce que les acteurs de la société civile en Afrique qui ont une conscience écologique commencent à comprendre que les pays du continent sont en train d'être dupés par les entreprises capitalistes cupides », a fait remarquer Célestine Akpobari[14]. Dans le même ordre d'idées, Nnimmo Bassey (2011), le défenseur de l'environnement le plus connu au Nigéria et président de *Friends of the Earth* a dit : « Chaque nouveau moment est une chance pour un nouveau mouvement. Chaque nouvelle minute est une autre opportunité ». Les luttes de plus en plus nombreuses des groupes de défense de l'environnement sur les questions relatives aux moyens de subsistance, au changement climatique (pollution), à la politique énergétique, à l'inégalité, au conflit, au développement politique et économique à l'échelle transnationale et locale peuvent influencer l'émergence au niveau national de mouvements sociaux radicaux pour des combats ayant plus d'ampleur[15].

Nous allons voir ci-dessous comment les valeurs, attentes et exigences formulées par les militants de la justice climatique peuvent rendre cela possible. Sur la question du changement climatique, comme l'affirment Bond et Erion (2009 : 338), aussi bien les approches radicales que celles d'orientation néolibérale peuvent être déployées pour traiter le problème.

---

[14] Entretien téléphonique avec Célestine Akpobari, 22 juin 2012.
[15] Courriel en provenance de Patrick Bond 22 juin 2012.

Ces dernières, parce qu'elles impliquent le *statu quo* sont préférées par l'élite politique alors que les premières exigent une transformation appropriée du système énergétique, des transports et de l'industrie. Notre argument, fondé sur l'observation des activités des militants de la justice climatique[16], est que les mouvements sociaux en Afrique peuvent saisir les opportunités d'action que les problèmes écologiques suscitent partout à travers le monde pour donner plus d'ampleur aux luttes sociales, économiques et politiques menées en vue du changement.

La « justice climatique » est un concept utilisé pour décrire le nouveau mouvement démocratique qui combine un certain nombre de questions de l'écologie politique et de l'économie écologique dans le contexte de la guerre contre le changement climatique. Sa philosophie, son idéologie, ses principes, stratégies et tactiques sont fondés sur la nécessité perçue de combler les écarts créés par « l'incapacité des acteurs de l'élite mondiale à résoudre le principal problème environnemental, géographique, social et économique » (Bond et Dorsey 2010 : 244).

Tout a commencé en 1997 avec l'initiative d'ONG environnementales clés de trouver de concert avec les élites politiques globales – voire les élites de la politique climatique – des solutions au changement climatique. Initialement, elle portait le nom de *Climate Action Network.* Le mouvement a émergé à partir de là en réaction à l'échec des pourparlers dans le cadre de la *Convention Cadre des Nations unies sur les changements climatiques*, notamment le fait que l'échange de quotas d'émissions, comme solution au changement climatique, n'ait pas été dénoncé. En un sens, ce mouvement prenait ses distances avec l'attitude conservatrice de certaines franges de la société civile mondiale. En effet, les militants de la justice climatique considèrent l'échange de quotas d'émissions comme une « fausse solution »[17]. L'alternative qu'ils

[16] Ils croient que les questions environnementales ou relatives au changement climatique sont liées indissolublement aux autres questions telles que le chômage, la mauvaise qualité de la santé publique, l'inégalité, la pauvreté, la faim, etc. lesquelles sont des sources d'inquiétude pour les citoyens qui attendent une intervention des gouvernements. Le combustible fossile est considéré comme un problème majeur dans ce débat.

[17] Ceci fait référence aux solutions au changement climatique basées sur le marché. Le dénominateur commun est l'accent mis sur l'échange de quotas d'émissions, y compris les mécanismes de compensation, les négociations intergouvernementales pour des réductions fragmentaires d'émissions ; et les plans d'échange de

proposent, un ensemble de propositions non-marchandes, est basée sur une critique rationnelle et objective de l'échange de quotas d'émissions de carbone. Les membres du mouvement se sont retirés depuis longtemps des espaces de lobbying sur la politique climatique multilatérale pour se focaliser sur les actions directes contre l'échange de quotas d'émissions de carbone. Ils s'inspirent des luttes qui existent sur les grands sites d'énergie fossile du monde, comme le Delta du Niger par exemple.

La transition d'un groupe de pression vers un mouvement pour la justice climatique s'est déroulée dans le temps et dans l'espace[18]. Des groupes spécifiques se sont organisés autour de certaines questions contre l'*establishment* qui s'occupe de la politique climatique mondiale. Il y a eu tout d'abord les protestations contre l'hégémonie financière des pays développés à la fin des années 1990 et les luttes pour la justice dans le monde en 1999/2000, symbolisées par la protestation de Seattle contre l'Organisation mondiale du commerce. Ensuite, il y a eu l'émergence du groupe pour la Justice climatique de Durban (*Durban Climate Justice Group*) en 2004 et de sa critique du gouvernement et des pratiques environnementales des entreprises. L'émergence du réseau Maintenant la Justice climatique ! (*Climate Justice Now!*) en 2007, et la naissance de l'Alliance européenne pour la Justice climatique (*European Climate Justice Alliance*) dans le sillage de la *Conférence des Parties* de Copenhague (*Copenhagen Conference of Parties*) en 2009 s'inscrivent dans cette transition et dans cette dynamique de structuration du mouvement. Les critiques radicales actuelles du cadre multilatéral de la politique climatique lors de la manifestation du *Réseau tiers-monde* établi en Malaisie (*Malaysian Third World Network*) et son énorme travail de mobilisation en préparation à la première Conférence des peuples de 2010 sur le changement climatique et les Droits de la terre-mère (*World People's Conference on climate change and Rights of Mother Earth*) à Cochabamba méritent d'être notés[19]. La section de Detroit du *forum*

quotas à l'échelle régionale et nationale promus ou soutenus par les Nations unies.

[18] Ce récit est extrait des notes de Bond et Dorsey (2010) ainsi que d'entretiens de l'auteur avec les militants au *Peoples Space* durant la CDP 17 en novembre/décembre 2011 et de l'observation de leurs activités.

[19] Cochabamba est située en Bolivie. Il s'agissait d'une congrégation de militants écologiques/de la justice climatique dont la principale préoccupation était de s'attaquer, du point de vue de la société civile mondiale, à la menace globale du changement climatique.

*social mondial* a également aidé à consolider la mobilisation et la sensibilisation à travers ses activités aux États-Unis d'Amérique, de la même manière que l'*Alliance européenne pour la Justice climatique* a influencé les populations d'Europe à travers ses activités (principaux événements/programmes sur la justice économique) dans différents lieux d'Europe.

Outre le fait d'avoir révélé les étapes formatives, ce récit de la transition montre la maturité du processus, les défis et l'avenir du mouvement. Les activités des groupes ne sont pas seulement interconnectées. Elles s'adressent également à l'*establishment* de l'énergie mondiale, du transport et de l'industrie face à l'urgente nécessité de transformer ces secteurs qui consomment de façon intensive du combustible fossile. Par exemple, à la veille de la dix-septième *Conférence des Parties* des Nations unies à Durban, *Groundwork,* une organisation non gouvernementale sud-africaine très respectée, avait également organisé un atelier à Durban. Le thème était « la Semaine de l'Énergie Sale »[20]. Plusieurs organisations non gouvernementales de diverses régions du monde qui y ont assisté ont dénoncé le mode de production et de consommation actuelle de l'énergie dans le monde. « Laissez le pétrole dans le sol », a déclaré Bassey qui s'est adressé aux participants en séance plénière. Le message était clair quant à l'appartenance de l'organisation et de ses membres.

Le mouvement a déjà inspiré plusieurs organisations à travers le monde. Par exemple, des groupes communautaires basés aux États-Unis d'Amérique ont organisé plusieurs marches de protestation contre les projets de centrales électriques à charbon. Selon Patrick Bond et Michael Dorsey (2010) « près des deux tiers des 151 nouvelles propositions de centrales électriques du Plan Énergie de Bush ont été annulées, abandonnées ou bloquées depuis 2007 – en raison pour une large part de l'opposition communautaire ». Ces groupes ont empêché encore la prolifération d'incinérateurs et l'expansion de grands projets pétroliers. À Richmond, une coalition d'organisations a empêché CHEVRON d'étendre sa raffinerie grâce à une action en justice. Mega Hydros a aussi

20 Elle s'est tenue du 22 au 25 novembre 2011, trois jours avant la CDP 17. Elle est significative en ce sens qu'elle a rassemblé les militants de la justice climatique qui ont analysé diverses questions relevant du rapport entre l'environnement, le changement climatique, la pauvreté, l'inégalité, le chômage, l'instabilité politique et le développement en général.

subi des restrictions. Les communautés locales ont résisté avec succès au projet de Klamath River et ont forcé Pacificorp Power Company à prendre l'engagement d'un retrait d'ici 2020.

La nécessité d'une transition radicale loin de la production et de la consommation de combustible fossile que le mouvement privilégie a amené des chercheurs à proposer l'*écosocialisme* comme une alternative viable (Kovel et Lowy, 2001). Il faut souligner que les écrits écosocialistes appartiennent à la littérature sur la justice climatique. Ils s'inscrivent dans la tentative de combiner la pensée écologique et la pensée marxiste (Burkett, 2006). Certains partisans ont soutenu que ceci implique la « transformation des besoins » et une tendance marquée à rendre possible une qualité de vie qui atténue l'utilisation du combustible fossile.

Ayant été un élément indispensable de l'ordre capitaliste, les chercheurs insistent sur le fait qu'affaiblir le combustible fossile dans le nouvel ordre permettra de libérer toutes les terres confisquées et les peuples exploités. De plus, ceci permettra de prévenir une crise écologique mondiale imminente. La faisabilité de ce point de vue, sa vulgarisation et son application dépendent de beaucoup d'autres facteurs tels qu'un « apport plus substantiel du facteur travail » ; ce qui offrirait des possibilités de créer de nombreux emplois verts ainsi qu'un lien entre le militantisme pour la paix et la justice climatique. L'industrie militaire et l'industrie de guerre utilisent intensément le combustible fossile et n'ont pas de respect pour les considérations environnementales. Enfin, les environnementalistes et les écosocialistes doivent accroître la présence et la mobilisation des populations à la base sur les sites de combustion de carburant fossile à haute intensité.

Il y a de nombreuses orientations idéologiques qui tirent le mouvement. Ceci est illustré dans la rhétorique de la justice climatique au sein et en dehors des Nations unies. Il y a une forte tendance à inciter le mouvement à appuyer l'échange de quotas d'émissions bien que, comme l'affirment Bond et Dorsey (2010), cette rhétorique se manifeste chez les élites politiques, lesquelles utilisent le langage du mouvement de façon trompeuse pour l'entraîner dans des analyses et actions qui soutiennent les stratégies néolibérales. L'ironie, c'est que les élites semblent avoir du succès dans leur rhétorique de la justice climatique comme l'illustre la résistance actuelle du néolibéralisme aux principales propositions alternatives sur le changement climatique provenant du mouvement[21].

Si la rhétorique de la justice climatique et du développement s'est manifestée au sein des rangs du mouvement, ceci s'explique en partie par le fait que certains pays développés ne veulent pas entendre parler du principe de la *responsabilité commune mais différenciée*. Quoi qu'il en soit, le mouvement semble beaucoup plus fort à présent. Ceci a été réalisé surtout à travers les exigences communes affirmées à Cochabamba :

- la réduction progressive des émissions de gaz à effet de serre à hauteur de 50% d'ici 2017 ;

- stabiliser la hausse des températures à 1°C et à 300 Parties Par Million (PPM) le niveau de dioxide de carbone dans l'atmosphère ;

- reconnaître la dette climatique due par les pays développés ;

- respect intégral des Droits Humains et des droits inhérents aux peuples indigènes ;

- déclaration universelle des droits de la Terre-Mère pour assurer l'harmonie avec la nature ;

- mise en place d'une cour internationale de la justice climatique ;

- rejet des marchés de carbone et de commercialisation de la nature à travers le programme REDD (*Reducing Emissions from Deforestation and Forest Degradation*) ;

- promotion des stratégies qui modifient le modèle de consommation des pays développés ;

- fin des droits de propriété intellectuelle pour la technologie utile pour atténuer le changement climatique ;

- versement de 6% du PIB des pays développés pour s'attaquer au changement climatique.

[21] Le succès du Protocole de Montréal de 1996, qui a interdit le chlorofluorocarbone comme mesure pour boucher le trou dans la couche d'ozone était due à la volonté des élites politiques mondiales de traiter le problème. La même approche est nécessaire dans le cas du changement climatique.

Chacune de ces exigences révèle une valeur spécifique, une orientation et un cheminement idéologique opposé aux milieux néolibéraux de la politique climatique. Les propositions faites par le mouvement aux négociateurs lors de la *Conférence des Parties* des Nations unies à Durban étaient aussi basées sur les exigences énoncées ci-dessus, avec toutefois une prise en compte de quelques voix modérées et libérales de la société civile. Selon Samantha Hargreaves (2012), « d'autres acteurs issus de la société civile avaient des ambitions plus modestes, cherchant un accord contraignant, ambitieux et équitable qui incluait la justice économique ou les valeurs de transformation ». L'hôte sud-africain souhaitait simplement une reconduction du Protocole de Kyoto, en particulier dans le domaine du principe de *responsabilité commune mais différenciée*. Mais ce souhait ne s'est pas matérialisé puisque des obstacles se sont manifestés conduisant à ajourner des décisions relatives à plusieurs questions. C'était dans l'intérêt des grands pays développés tels que les États-Unis, comme le montre la réponse d'une autorité du Département d'État, Trevor Houser, qui a déclaré que le résultat était « prometteur en raison de ce qu'il n'a pas dit » (Hargreaves, 2012). Probablement, ce qu'il voulait dire était qu'une question de justice climatique telle que le principe de la *responsabilité commune mais différenciée* était rebutante et déraisonnable. En fin de compte, la conférence a retenu l'échange de quotas d'émissions de carbone et le Protocole de Kyoto dont beaucoup craignaient l'effondrement après 2012. Pour les femmes africaines, ceci signifie une aggravation des conditions sociales et économiques qui laisseront les paysans dans l'incapacité de satisfaire leurs besoins en sécurité alimentaire d'ici 2100 (Hargreaves, 2012). Au moins neuf sur dix paysans ne pourront pas produire de la nourriture. Environ 180 millions de femmes vont mourir en conséquence de cette situation (Bond, 2012). Selon Nanganidzai Makoho, du *Rural Women Assembly and Climate Justice*, « le changement climatique menace les moyens de subsistance des femmes et de leurs familles ». Dans le même ordre d'idées, Paulina Ledwaba[22] a déclaré : « Je suis ici parce que le climat a changé, affectant en cela mon activité agricole »[23].

[22] Interviewée le 3 décembre 2012 à Durban.

[23] Interviewée le 4 décembre 2012 à Durban. Elle faisait partie également de l'équipe du Zimbabwe qui a participé aux activités de la société civile au *Peoples Space* durant la CDP 17 à Durban sous les auspices du *Rural Women Assembly*.

130 chefs d'État et plus de cinquante mille personnes ont assisté au *Sommet de la Terre* des Nations unies (Rio+20) de juin 2012 à Rio de Janeiro sans compter les délégués gouvernementaux, parmi lesquels des membres du mouvement pour la justice climatique provenant de différentes régions du monde. Les exigences exprimées par le mouvement étaient à nouveau fondées sur les résolutions de Cochabamba. Mais les organisations environnementales semblaient d'autant plus déçues par le résultat que les élites politiques ont montré encore plus d'intérêt pour la croissance économique que la protection du climat. *Greenpeace* qui décrit les résultats du sommet comme « pathétiques » souligne que « Rio+20 s'est transformé en échec épique. Cela a échoué sur l'équité, échoué sur l'écologie et échoué sur l'économie » (Margolis, 2012). Selon Meena Raman du radical *Malaysian Third World Network*, « le document final n'a pas l'ambition nécessaire pour sauver la planète ou les pauvres, mais il ne nous a pas ramenés en arrière. Ce résultat minimal est le signe d'un manque de courage politique, de leadership et d'engagement des pays développés ; ceux qui mèneront les campagnes pour le futur dont nous rêvons devront redoubler d'efforts ». Dans le même esprit, Stephen Hale a dit que « nous sommes en face de crises connexes. Ceci aurait dû marquer un tournant, au contraire c'est une impasse » (Margolis, 2012).

Les élites politiques africaines, de même que leurs homologues des pays développés, ont été accusées d'avoir pris des décisions qui ne traitent pas des questions fondamentales de pauvreté, d'équité ainsi que de la réduction des émissions de gaz à effet de serre. Dans les faits, elles n'ont prêté l'oreille qu'à la rhétorique de la justice climatique. Un responsable de la Banque mondiale aurait déclaré que les pays en développement doivent prendre le virage vert et créer une croissance qui réponde à la sécurité environnementale globale. Placé dans le contexte de plusieurs années de financement ou de promotion des projets d'énergie fossile dans les pays en développement et leurs impacts probables sur le climat, on peut douter à l'infini de la sincérité des propos du responsable de la Banque. Dans tous les cas, la croissance verte est considérée par les groupes de la justice climatique comme un concept réformiste et incapable d'aborder leurs préoccupations – notamment la pauvreté et le changement climatique.

## Défis

En dépit des perspectives d'émergence d'un mouvement social radical portant les préoccupations écologiques dans la poursuite d'objectifs sociaux, économiques, environnementaux et politiques plus larges, de nombreux défis demeurent. Par exemple, au sein du mouvement environnemental et politique, il y a des contradictions entre sa radicalité et son caractère en tant que force d'opposition (Buttel et Taylor, 1994 : 244). Le mouvement doit encore élaborer des méthodes pour s'attaquer efficacement au véto du monde de l'entreprise à l'endroit de ses propositions relatives au problème du changement climatique. De même, certains groupes du mouvement ont choisi de travailler au sein du cadre néolibéral et se sont rangés du côté des institutions financières internationales comme la Banque mondiale. Ces limites peuvent compromettre la capacité du mouvement à inspirer de manière effective la société civile nationale ou locale.

La coloration ethnique ou religieuse des organisations de la société civile dans certaines régions d'Afrique compromettra l'unité et la solidarité requises pour battre en brèche les excès des hommes politiques. Ceci est de plus en plus évident dans la réponse des organisations de la société civile aux politiques antisociales. Par exemple, le leadership du *Trade Union Congress* du Nigéria et d'autres organisations de la société civile a été scindé en lignes ethniques et religieuses dans les marches de protestation contre la suppression de la subvention du carburant par le gouvernement fédéral en janvier 2012. Dans le Delta du Niger, des groupes de jeunes rassemblés sur une base ethnique et d'ex-militants ont soutenu la décision, se sont organisés autour de celle-ci, et ils s'enorgueilliront plus tard que la suppression de la subvention du carburant ait mis en lumière la corruption dans l'industrie pétrolière. À l'opposé, les militants des régions occidentales et septentrionales du Nigéria ont organisé une résistance intégrale contre la décision.

Malheureusement, les travailleurs dans plusieurs coins de l'Afrique jouent des rôles systématiquement réactionnaires. Dans le cas du *Nigeria National Petroleum Corporation* (NNPC), les leaders des syndicats de travailleurs sont, semble-t-il, régulièrement soudoyés par leur direction[24]. Ils assistent aux cours de gestion destinés à réduire leur radicalité et à

[24] Entretien téléphonique avec le personnel dirigeant du NNPC, 22 juin 2012 (nom omis).

influer sur le contenu de leur activisme. Ceci représente souvent un énorme coût pour la société. Ils ne se sont jamais opposés à l'impact environnemental des activités des sociétés pétrolières dans leurs campagnes pour un meilleur niveau de vie de leurs membres. Il est difficile de voir en Afrique des travailleurs ayant le curriculum révolutionnaire requis par les luttes politiques et économiques.

Le soulèvement en Égypte a pour soubassement le chômage, la faim, les problèmes d'habitat, la brutalité policière, la pauvreté et le néolibéralisme. Apparemment, les syndicats égyptiens n'ont pas joué un rôle significatif dans ces processus. « Le mouvement syndical naissant en Égypte devra mettre sur pied des structures politiques pour que les voix de la classe ouvrière soient entendues dans les processus électoraux », a remarqué El-Hamalawy (2012) dans son explication du problème de l'absence de plateforme politique de la classe ouvrière en Égypte dans les luttes des peuples contre la dictature et le mal-gouvernement. Le parti travailliste ne pouvait même pas présenter un candidat aux élections controversées qui viennent de se tenir. Selon Horace Campbell (2012), « les résultats électoraux en Égypte ont montré que les forces de répression doivent être démantelées pour que les élections puissent avoir un sens. Les expériences du Zimbabwe, du Kenya et de l'Ouganda ont mis en lumière la réalité selon laquelle les progressistes ne peuvent espérer accomplir de réels changements dans le cadre d'un système électoral qui renforce l'économie néolibérale et une démocratie de faible intensité »[25].

## CONCLUSION

Nous avons examiné la manière dont les questions écologiques mondiales peuvent être traitées de façon globale pour des luttes sociales, économiques et politiques élargies contre les excès des élites politiques en Afrique ; excès particulièrement marqués par des politiques néolibérales que ces dernières perpétuent. Le résultat net de telles orientations – l'inégalité et la destruction des écosystèmes en étant les conséquences les plus saillantes – pourrait dans les années à venir servir de fondement à la conception de modèles alternatifs de développement. En leur sein, les classes opprimées seront l'objet ou le facteur central des

[25] Horace Campbell, bien qu'il affirme que ce ne sont pas les élections qui mènent aux révolutions, semble fonder son argument sur le travail inachevé de la société civile en Égypte.

politiques et de l'organisation de la production et tout modèle de développement imposé par les élites politiques néolibérales sera rejeté et remis en cause à travers l'action collective. Ceci implique un engagement résolu dans la lutte contre la corruption, le pouvoir du capital, l'inégalité, la pauvreté, le capitalisme climatique, la dictature, les systèmes sociaux et économiques d'exploitation. Par extension, les militants de la justice climatique peuvent servir de catalyseurs pour un changement en Afrique.

## RÉFÉRENCES


Ballard, R. (2005) "Social movements in post-apartheid South Africa: An Introduction" in P. Jones and K. Stokke (eds) *Democratising Development. The Politics of Socio-economic Rights in South Africa*, Netherlands: Koninklijke Brill NV Leiden.

Bassey, N. (2011) *To Cook a Continent. Destructive Extraction and the Climate Crisis in Africa*, Cape Town: Pambazuka Press.

Black, R. (2012) "Stockholm: Birth of the green generation", BBC News Science and Environment 4, June.

Bond, P. (2012) *Politics of Climate Justice: Paralysis Above, Movement Below*, Pietermaritzburg: University of KwaZulu-Natal Press.

--- (2011) "Durban's Water Wars, Sewage Spills, Fish Kills and Blue Flag Beaches," in P. Bond (eds) *Durban's Climate Gamble. Trading Carbon, Betting the Earth*, South Africa: Unisa Press.

--- (2006) *Looting Africa: the economics of exploitation*, London: Zed Books.

--- (2000) *Elite Transition. From Apartheid to Neo-Liberalism in South Africa*, London: Pluto Press.

Bond, P. and Dorsey, M. K. (2010) "Anatomies of Environmental Knowledge and Resistance: Diverse Climate Justice Movement and Waning Eco-Neoliberalism", *Journal of Australian Political Economy*, n° 66, December: 286-316.

Bond, P. and Erion, G. (2009) "South African Carbon Trading: A Counterproductive Climate Change Strategy" in D.A. McDonald (eds) *Electric Capitalism: Recolonising Africa on the Power Grid*, Cape Town: HSRC Press.

Burkett, P. (2009) *Marx and Nature: A Red and Green Perspective*, New York: St. Martins' Press.

--- (2006) "Two Stages of Ecosocialism? Implications of some Neglected Analyses of Ecological Conflict and Crisis", *International Journal of Political Economy*, vol. 35 (3): 23-45.

Buttel, F. and Taylor, P. (1994) "Environmental Sociology and Global Environmental Change. A Critical Assessment", in M. Redclift and T. Benton (eds) *Social Theory and Global Environment*, London: Routledge.

Campbell, H. (2012) "Revolutions are not decided by elections. Lessons from the ongoing electoral processes in Egypt", *Pambazuka*, Issue 587, May.

Clark, B. and Foster, J. B. (2010) "Marx's Ecology in the 21st Century", *World Review of Political Econ*omy, vol. 1 (1).

Daily Independent (2012) "I thought I might die before 50", Femi Anikulapo Kuti, Saturday 16 June.

Dorsey J. M. (2012) "Sudanese anti-government protests mushroom", disponible sur http://www.globalpolicy.org [visité en avril 2013].

El-Hamalawy, H. (2012) "Egypts working class and the question of organization", *Pambazuka*, Issue 587, May.

Filiu, J.-P. (2011) *The Arab Revolution. Ten Lessons from the Democratic Uprising*, Oxford University Press.

Foster, J. B. (2009) "Marx's Ecological Value Analysis", *Monthly Review*, vol. 52 (4), September.

--- (2000) *Marx's Ecology: Materialism and Nature*, Monthly Review Press.

Garcia-Guadilla, M. P. (2005) "Environmental Movements, Politics and Agenda 21 in Latin America" *Civil Society and Social Movements Programme Paper*, n° 16, October, United Nations Research Institute for Development.

Glemarec, Y. and de Oliveira, J. A. P. (2012) "The Role of the Visible Hand of Public Institutions in Creating a Sustainable Future", *Public Administration and Development,* vol. 32 (3): 200-214.

Gore, A. (2007) *Earth in the Balance,* new edition, London: EarthScan Publications Ltd.

Gumede, W. (2012) "Why fighting corruption in Africa fails", *Pambazuka,* Issue 606.

Hansen, J. E. (2008) "Tipping Point: Perspective of a Climatologist", in Widlife Conservation Society, *State of the Wild 2008-2009: A Global Portrait of Wildlife, Wildlands, and Oceans,* Washington, D.C.: Island Press.

Hansen, J. E. and Sato, M. (2012) "Paleoclimate implications for human-made climate change" in A. Berger, F. Mesinger and D. Šijački (eds) *Climate Change: Inferences from Paleoclimate and Regional Aspects*, Springer.

Hargreaves, S. (2012) "COP17 and Civil Society: The Centre did not Hold", Occasional Paper 64, May, Institute for Global Dialogue.

Intergovernmental Panel on Climate Change (2007) "Climate Change: Synthesis Report", www.ipcc.ch/pdf/assessment-report/ar4/syr/ar4_syr.pdf [visité en avril 2013].

Kovel, J. and Lowy, M. (2001) *An ecosocialist manifesto,* http://www.socialistvoice.ca/?p=146 [visité en avril 2013].

Kumar, S. M. (2009) "Climate Change and Development: Will Growth End Poverty or the Planet?" in G. McCann and S. McCloskey (eds) *From the Local to the Global. Key Issues in Development Studies*, London: Pluto Press.

Magrath, J. (2010) "The injustice of climate change: voices from Africa", *Local Environment: The International Journal of Justice and Sustainability*, vol. 15, issue 9-10: 891-901.

Margolis, M. (2012) "Is Rio+20 Environmental Summit a Failure", *The Daily Beast* June 20.

Marx, K. (1885), *Capital. Volume II: The Process of Consultation of Capital*, voir l'édition disponible sur http://www.marxists.org/archive/marx/works/1885-c2/ch01.htm [visité en avril 2013].

Matunhu, J. (2011) "A Critique of modernization and dependency theories in Africa: Critical assessment", *Africa Journal of History and Culture*, vol. 3 (5): 65-72.

Mbeki, M. (2005) "Liberate Africa from its Political Elites", *Wall Street Journal*, July 5.

McCloskey, S. (2009) "Introduction: Recasting Development in a Changing Global Economy", in G. McCann and S. McCloskey (eds), *From the Local to the Global. Key Issues in Development Studies*, New York: Pluto Press.

McNall, S. G. (1979) "Dialectical Social Science", in S.G. McNall (eds), *Theoretical Perspectives in Sociology*, New York: St. Martin's Press.

Nwokoji, C. T. (2012) "Multiple probes in oil sector threaten FDI inflow", *The Sun*, November 12.

Nunan, F., Campbell, A. and Foster, E. (2012) "Environmental Mainstreaming: The Organisational Challenges of Policy Integration", *Public Administration and Development*, vol. 32 (3): 262-277.

Ologbenla, D. K. (2007) "Leadership, Governance and Corruption in Nigeria", *Journal of Sustainable Development in Africa*, vol. 9 (3): 97-118.

Onuorah, M., Muanya, C. and Onomo, A. A. (2012) "OECD lists benefits of 'green growth' for Nigeria, others", *The Guardian*, Tuesday June 19.

Peet, R. and Hartwick, E. (2009) *Theories of Development: Contentions, Arguments, Alternatives,* second edition, New York: Guilford Press.

Pithouse, R. (2006) "Struggle is a School: The Rise of a Shack Dwellers' Movement in Durban, South Africa", *Monthly Review*, vol. 57 (9).

PNUE (2012) "Synthèse pour l'Afrique à la veille de Rio+20", *Global Environment Outlook 5,* http://www.unep.org/geo/pdfs/geo5/RS_Africa_fr.pdf [visité en avril 2013].

Prada, P. and Chestney, N. (2012) "Expectations low for Rio+20 UN development summit", June 18, Reuters.

Resnick, D., Tarp, F. and Thurlow, J. (2012) "The Political Economy of Green Growth: The Case from Southern Africa", *Public Administration and Development*, vol. 32 (3): 215-228.

Rist, G. (2001) *Le développement. Histoire d'une croyance occidentale*, nouvelle édition, Paris, Presses de Sciences Po.

Sall, E. (2004) "Social Movements in the Renegotiation of the Bases for Citizenship in West Africa", *Current Sociology*, vol. 52 (4): 595-614.

Sewell, R. (2002) "What is Dialectical Materialism? A study guide with questions, extracts and suggested reading", www.marxist.com/what-is-dialectical-matrialism.htm [visité en avril 2013].

Slunge, D. and Loayza, F. (2012) "Greening Growth through Strategic Environmental Assessment of Sector Reforms", *Public Administration and Development* volume 32 (3): 245-261.

Udo, A. (2012) "Jonathan to receive Ribadu Panel, two other oil industry probe reports Friday", *Premium Times*, October 29.

Weston, D. (2011) "The Politics of Climate Change in South Africa" in P. Bond (eds) *Durban's Climate Gamble. Trading Carbon, Betting the Earth,* South Africa: Unisa Press.

# CHAPITRE 7

## MÉDIAS PRIVÉS ET CHANGEMENTS SOCIAUX EN AFRIQUE : ACQUIS, LIMITES ET PERSPECTIVES (EXEMPLES DU BÉNIN, DU SÉNÉGAL ET DU TOGO)

*Mor Faye*

Pendant plusieurs siècles, l'esclavage et la colonisation étaient, pour paraphraser le sociologue ivoirien Francis Akindes (1995), les deux défis majeurs auxquels les sociétés africaines étaient successivement confrontées. Ces défis avaient pour particularité d'être externes. Celles-ci les ont plus ou moins relevés non sans en garder des séquelles très profondes et non sans les revivre sous d'autres formes. Depuis les indépendances des années 1960, le principal défi, cette fois-ci interne, que les sociétés africaines ont à relever reste le défi démocratique : instauration de la démocratie et de l'État de droit, selon des modalités spécifiques, et réalisation par leurs États respectifs du bien-être économique et social au profit de tous et non exclusivement au profit d'une élite. Ce sont ces aspirations non encore atteintes, en raison de l'inertie des systèmes politiques en place face aux exigences de démocratisation et en raison également de la gestion gabegique des deniers publics, qui expliquent les mouvements sociaux cycliques et parfois très violents qui traversent les sociétés africaines et qui s'expriment par l'instrument de canaux d'expression alternatifs dénommés médias privés. Le Bénin, le Sénégal et le Togo, considérés ici comme des pays témoins ont vu apparaître au cours de ces dernières décennies des médias de ce type (Faye, 2008 ; Frère, 2001). Ceux-ci se définissent comme des médias indépendants, par opposition aux médias d'État sous contrôle idéologique, administratif et éditorial des gouvernements en place.

Ces médias dits privés regroupent trois catégories qui se sont successivement créées au fur et à mesure que ces pays avaient commencé, tout au long des années 1980-1990, à renouer, après une longue période d'autoritarisme politique marquée par des partis uniques militarisés ou civils, avec le pluralisme politique et médiatique sous la pression exercée sur les élites au pouvoir par les populations et les bailleurs de fonds (Conac, 1993). Chronologiquement, la première catégorie de médias privés à avoir émergé regroupe la presse privée écrite née au milieu des années 1980 au Sénégal et au tournant des années 1990 au Bénin et au Togo (PANOS, 1991). La deuxième catégorie comprend les radios privées commerciales lancées à partir de 1994 au Sénégal et quelques années plus tard au Bénin et au Togo (PANOS, 1993). La troisième catégorie regroupe les chaînes de télévision privées qui ont commencé à émettre à partir de la décennie 2000 (PANOS, 2008).

La naissance de ces médias privés a constitué pour les populations une véritable révolution médiatique. En effet, de 1960 à 1990, il n'y avait au Bénin et au Togo qu'une seule radio, qu'une seule télévision et qu'un seul journal, sous contrôle gouvernemental. Seul l'État du Sénégal avait autorisé, à côté des médias sous son contrôle, la création d'une presse politique, animée par les partis d'opposition au pouvoir, et la création de quelques publications dites indépendantes. Mais tous ces organes de presse étaient en réalité placés en liberté surveillée (Paye, 1992).

Nés dans des contextes nationaux marqués par de fortes aspirations des populations au changement, ces médias privés ne sont pas restés indifférents aux revendications démocratiques. Pour être en phase avec ces aspirations, les journalistes de ces médias ne cessent de déployer leurs pratiques dans plusieurs registres. Malgré les limites et contradictions qui sont les leurs et sur lesquelles nous reviendrons, ils relaient la contestation populaire, se positionnent vigoureusement en faveur de l'alternance au pouvoir et dénoncent les pratiques de corruption des gouvernants et les différentes formes de violation des droits de l'homme.

Notre ambition ici est de dresser le bilan du rapport que les médias privés entretiennent avec les mouvements sociaux pour en déceler les acquis, les limites et dégager des perspectives. Pour ce faire, notre démarche sera chronologique. Nous aborderons d'abord le rôle pionnier de la presse privée écrite des années 1980-1990 dans les processus de démocratisation béninois, sénégalais et togolais. Nous mettrons ensuite l'accent sur celui des radios indépendantes, puis sur celui des nouvelles chaînes de télévision privées dans ces mêmes processus.

## UN POSITIONNEMENT MÉDIATIQUE PRÉPONDÉRANT POUR L'AVÈNEMENT DES CHANGEMENTS SOCIAUX

Les journaux privés sont tous apparus à partir des décennies 1980 et 1990, comme souligné ci-dessus, dans un contexte où le Bénin, le Sénégal et le Togo traversent une crise profonde, avec comme enjeu crucial le devenir politique, économique, social voire moral de ces pays. Au Bénin et au Togo où les journaux privés sont nés dans des contextes d'intenses troubles politiques faits d'épisodes sanglants, l'attention du public se focalisait sur les Conférences nationales en perspective, proposées comme modèles de sortie des dictatures politiques en place, avec en toile de fond, de très fortes incertitudes sur les réelles possibilités de changement. Le régime de Kérékou, sous la pression de la rue, avait certes accepté l'idée d'organiser une Conférence nationale et une période de transition (mars 1990-avril 1991), prélude à l'organisation d'élections présidentielles et législatives pluralistes (Noudjenoume, 1999), mais il était probable qu'il se rétractât et qu'il reprît la situation en main. Au cours de la Conférence nationale de février 1990, le Colonel Azonhiho et quelques autres officiers de l'armée béninoise avaient à l'époque suggéré de procéder à l'arrestation des « conférenciers » dans l'optique de sauver le régime. Le fait d'avoir tous les opposants et « ennemis » du régime réunis en un même endroit (l'hôtel PLM-Alédjo de Cotonou) leur semblait rendre l'opération possible.

Au Togo, le démantèlement de toutes les institutions démocratiques de transition et l'assassinat des opposants radicaux entre 1990 et 1993 rendaient clairement compte de la fermeté du régime du Général Éyadéma de ne pas céder face aux soulèvements populaires. Au Sénégal où les journaux privés sont nés dans le contexte préélectoral « survolté » de 1988, l'avenir politique du pays était également des plus incertains. Les rapports de force continuaient à se nouer entre le parti socialiste (PS) au pouvoir et les opposants politiques qui l'accusaient de vouloir à nouveau « manipuler les urnes ».

Les chefs d'État de ces trois pays semblaient s'arroger un pouvoir à vie malgré leur manque apparent de légitimité démocratique. Leurs ministres battaient des records de longévité et chaque remaniement ministériel n'occasionnait pour eux que des changements de portefeuilles en dépit de l'échec politique, économique et social des régimes en place.

Ainsi, dans un pays comme dans l'autre, la fin du parti unique *de fait* ou *de droit* et la question de l'alternance démocratique étaient au cœur des préoccupations des populations qui souhaitaient désespérément l'arrivée de nouvelles élites au pouvoir. À ces contextes de crise politique aux issues incertaines, il faut également ajouter la faillite des grandes sociétés et banques d'État. Suite à l'application, tout au long de la décennie 1980, des programmes d'ajustement structurel du Fonds monétaire international et de la Banque mondiale, leur liquidation partielle ou totale était scellée, comme condition de la contribution financière de ces institutions au redressement de la situation économique de ces pays. Ce qui avait généralement eu pour conséquence de nombreux plans de licenciements avec, comme enjeu central, l'avenir de plusieurs milliers de familles. Nés dans ces contextes nationaux troubles, les journaux privés s'étaient imposés d'emblée comme un véritable pouvoir de dénonciation des pouvoirs en place pour l'avènement de la démocratie et de l'État de droit.

Au Bénin, cette dénonciation portait sur les pratiques de spoliation, sous le régime pseudo-marxiste (1972-1991). Ces pratiques concernaient, en l'occurrence, celles qui avaient ruiné toutes les banques d'État – la Banque commerciale du Bénin (BCB), la Banque béninoise de développement (BBD) et la Caisse nationale de crédit agricole (CNCA)[1] **(cette note est à trouver à la dernière page)** – et les sociétés publiques et parapubliques, vers la fin des années 1980 et qui avaient entraîné la perte de milliers d'emplois (Chabi, 1993). Par une campagne de dénonciation de grande envergure, les journaux privés béninois avaient ainsi énormément contribué à la chute de Kérékou en 1991.

---

1 En 1989, le montant total des crédits de ces trois banques à l'économie béninoise s'élève à 149 milliards de francs CFA, dont 96,6 milliards de francs CFA imputables à la BCB, 35,6 milliards de francs CFA à la BBD et 18,8 milliards de francs CFA à la CNCA. Sur l'ensemble de ces crédits, seuls 23,5 milliards de francs CFA sont considérés comme « sains ». Le reste étant des crédits « douteux récupérables » (11,1 milliards de francs CFA) et des crédits « douteux non récupérables » (113,4 milliards de francs CFA). En crédits « douteux non récupérables », le secteur public s'est retrouvé avec 62,4 milliards (55%) d'impayés, le reste revenant au secteur privé (45%). La BCB, à elle seule, s'est retrouvée avec 93,6 milliards de francs CFA de crédits « douteux irrécupérables ». De plus, en cinq ans, cette banque a perdu 42 fois son capital de 30 millions de francs CFA, avec 72.916 créanciers n'ayant pas soldé leur compte (Noudjenoume, 1999 : 41-42).

Au Togo, où le processus démocratique avait été entaché par de nombreux actes de violation des droits de l'homme, plus particulièrement entre 1990 et 1993, les journaux privés avaient, dès leurs premiers numéros, dénoncé les exactions de l'Armée contre les manifestants, les leaders de l'opposition et les membres des institutions de la transition démocratique. La presse privée sénégalaise n'était pas en reste dans ce travail de dénonciation. *Sud Hebdo*, *Wal Fadjri* et *Le Cafard Libéré* s'étaient activement engagés pour faire la lumière sur la crise du système bancaire sénégalais de la fin des années 1980, en révélant au public l'implication des réseaux clientélistes du pouvoir dans cette faillite. Ils s'étaient également mobilisés, auprès des opposants au régime et auprès de la société civile, pour dénoncer les « fraudes électorales » observées au cours du scrutin présidentiel et législatif de février 1988.

Au cours de cette période, ce travail de dénonciation des pouvoirs établis effectué par la presse privée écrite béninoise, sénégalaise et togolaise était très novateur par rapport au modèle du journalisme d'État. L'ampleur de la crise des sociétés et banques d'État de la fin des années 1980 qu'elle avait contribué à mettre en exergue montre que la corruption et la gabegie qui avaient mis en difficulté ces structures existaient depuis longtemps. Elle illustre en même temps que le travail d'enquête, pour épingler les pratiques de malversation et de mauvaise gestion, n'était pas au centre des préoccupations des médias d'État.

Dans ce contexte, les rares fois que les journalistes d'État parlaient de la crise, c'était lorsqu'elle avait éclaté au grand jour, avec la fermeture des sociétés et banques d'État. Mais, comme le souligne Barrat (1992), ces journalistes d'État occultaient la responsabilité des gouvernements en place et celle de leur clientèle dans la débâcle économique et bancaire, en mettant l'origine des problèmes sur le compte exclusif d'une « conjoncture internationale difficile » (« baisse des prix des matières premières sur le marché international décidé par un Occident spoliateur ») ou mettaient en cause la « sécheresse » ou « l'invasion des récoltes par les criquets ». Au Sénégal, c'était très courant d'entendre une telle explication, d'autant que les années 1980 étaient effectivement marquées par ces deux phénomènes. En somme, pour les médias d'État, l'origine de la crise était soit exogène soit écologique, mais en aucun cas liée à la manière dont les appareils étatiques avaient été gérés pendant des décennies.

En épinglant la responsabilité de l'élite en place dans la crise de l'État de la fin des années 1980 au Sénégal, au Bénin et au Togo, les journaux privés avaient ainsi contribué à l'émergence de la critique sociale des Plans d'ajustement structurel. Ils avaient clairement signifié aux populations que l'application de ces programmes et leurs effets pervers (coupes des budgets de santé, d'éducation, licenciements, etc.) étaient le résultat d'une mauvaise gestion des gouvernements en place et que ce n'était pas à elles de payer à la place de leurs dirigeants.

Tout au long des décennies 1980 et 1990, la presse privée écrite s'était imposée, de plus, comme un véritable forum public ouvert à tous. En effet, sous les partis uniques béninois et togolais et sous le parti dominant sénégalais, dans une moindre mesure, seuls les dignitaires du régime avaient droit à la parole publique. C'est ainsi que les partis d'opposition, les syndicats, les enseignants, les étudiants avaient pu exprimer des points de vue dissonants par rapport aux prises de position officielles sur la crise.

Ce positionnement démocratique de la presse privée écrite, incarnée par des journaux pionniers comme *Tam-Tam Express*, *Le Forum de la Semaine*, la *Gazette du Golfe* au Bénin, comme *Sud Hebdo* devenu *Sud Quotidien*, *Wal Fadjri*, *Le Cafard Libéré* au Sénégal, et comme *Kpakpa Désenchanté* au Togo, avait valu à ce secteur médiatique un énorme succès auprès du public. Les organes de presse privés qui vont être par la suite créés au Bénin, au Sénégal et au Togo, continuent, en dépit de leurs contradictions, à incarner ce positionnement démocratique.

*L'apport des médias audiovisuels privés*

Avec le lancement des radios privées au milieu des années 1990 au Sénégal et à la fin de la même décennie au Bénin et au Togo, les revendications démocratiques pour le changement se voient amplifiées. En effet, grâce à l'usage des langues locales, la majeure partie des populations qui ne peuvent lire la presse écrite, en raison du fort taux d'analphabétisme, ont un accès direct à l'information locale et nationale reprise des journaux privés sous forme de revue de presse ou produite par les radios privées et distillée sur un ton critique à l'encontre des régimes en place pour fustiger leur incapacité à apporter des solutions aux problèmes économiques et sociaux ambiants. Grâce également à l'usage des langues locales, les populations majoritairement analphabètes peuvent participer aux débats de société à travers des émissions interactives, comme « *Wax sa xalaat* » (mot qui, dans la langue wolof, signifie « donner son point de vue » à l'antenne sur des sujets politiques, économiques, sociaux, religieux, etc.) de la radio privée sénégalaise *Sud Fm.* Les radios privées ont ainsi fourni une contribution décisive à l'élargissement de l'espace public, processus déjà enclenché par les journaux privés béninois, sénégalais et togolais.

Le lancement récent de chaînes de télévision privées nationales s'inscrit dans cette dynamique de faire écho aux revendications populaires pour plus de démocratie et de gestion démocratique des deniers publics. Avec la combinaison du son et de l'image que leur confère leur spécificité technique, les chaînes de télévision privées vont se révéler être des moyens d'information redoutables et redoutés par les pouvoirs en place. On en veut pour preuve, au Sénégal par exemple, le fait que le régime de l'ancien chef de l'État Abdoulaye Wade avait longtemps hésité à octroyer des licences aux promoteurs de chaînes de télévision privées, de peur de voir son image écornée, ainsi que celle de ses différentes équipes gouvernementales.

*Les médias privés au cœur de l'éclosion d'une conscience citoyenne*

Au regard des développements ci-dessus, les apports des médias privés béninois, sénégalais et togolais aux processus de démocratisation et aux aspirations des peuples au changement peuvent être résumés comme suit :

- la culture de la transparence dans la gestion des biens publics par les gouvernements, par opposition à l'opacité qui caractérisait les États béninois, sénégalais et togolais lorsqu'il n'y avait que des médias d'État ;

- la culture de la reddition de comptes, c'est-à-dire l'obligation pour les États de rendre compte de leur gestion à des populations de plus en plus exigeantes et informées de leurs droits ;

- un regard sur la régularité et la transparence des scrutins électoraux présidentiels et législatifs organisés ces dernières années au Bénin, au Sénégal et au Togo ;

- des plateformes alternatives faisant écho aux protestations et soulèvements populaires. Avant l'existence des médias privés, de tels faits n'étaient pas relayés par les médias d'État.

Tout compte fait, on peut aujourd'hui dire que les médias privés, par leurs fonctions cruciales de contre-pouvoir, de dénonciation, d'espaces de débats alternatifs, etc. sont, depuis de nombreuses années maintenant, au cœur de l'éclosion d'une nouvelle conscience. Si les populations se soulèvent de plus en plus face à toute forme d'injustice perpétrée par les gouvernements, c'est parce qu'elles sont plus sensibilisées sur leurs droits, grâce à la fonction d'éveil des médias privés.

***Les limites des médias privés***

D'une manière générale, les entreprises de presse privées béninoises, togolaises et sénégalaises éprouvent, en dépit de leur rôle démocratique mentionné plus haut, de sérieuses difficultés à devenir des entreprises économiquement et financièrement rentables. Les recettes générées par leurs activités couvrent à peine leurs besoins de fonctionnement, au point que beaucoup de journalistes ne perçoivent pas de salaire. Outre la faiblesse de la diffusion spécifique à la presse privée écrite, pratiquement les entreprises de presse privée, tous secteurs confondus, souffrent de l'étroitesse du marché publicitaire.

Pour comprendre davantage les difficultés économiques et financières des entreprises de presse privée, il ne serait pas erroné de mettre en cause leur incapacité à se structurer en vraies entreprises de presse avec des services commerciaux et des ressources humaines qualifiés et dotés d'une vision stratégique claire.

Ces difficultés économiques et financières des entreprises de presse privée exposent beaucoup de journalistes à certaines pratiques qu'ils reprochent aux élites en place, à savoir la corruption. Nombreux sont en effet les journalistes reporters qui, pour faire face au manque de salaire ou aux salaires irrégulièrement versés, acceptent le versement de pots-de-vin contre certains angles de traitement de l'information. Il y a également des patrons de presse qui sont affectés par ces pratiques corruptrices, mais à une plus grande échelle.

Outre cet aspect économique, il y a également le problème de la formation. La plupart des journalistes des médias privés béninois, sénégalais et togolais manquent cruellement de formation car n'étant passés par aucune école de journalisme. La formation sur le tas est généralement la règle. Certes, il y en a qui, à force de croire au métier, parviennent à devenir des journalistes respectés par leurs pairs et le public, mais il y en a dont les pratiques professionnelles riment avec amateurisme, source d'informations approximatives et de procès en diffamation. De plus, l'expérience a montré que l'absence de formation entraîne très souvent l'absence de réflexe déontologique face aux tentatives de corruption.

## QUELQUES PERSPECTIVES

À la lumière de l'importance de leur rôle démocratique et au regard des limites décelées, les médias privés béninois, sénégalais et togolais ont besoin de vrais programmes de renforcement de capacités en gestion d'entreprise de presse pour être économiquement et financièrement viables. Ces programmes dont le contenu reste à définir pourraient se concrétiser par la mise en place de cycles de formation modulaire dans le cadre de séminaires ou d'ateliers de *monitoring* des médias.

Ces programmes cibleraient les patrons de presse et tous ceux qui font office de managers de presse sans en avoir les compétences. Ils pourraient se dérouler dans le cadre de cycles de formation longs, type Licence ou Master de Management des entreprises de presse. Dans ce cas, des partenariats pourraient se nouer avec des établissements étatiques ou privés de formation en journalisme.

Au Sénégal, par exemple, le Département de communication de l'UFR-CRAC (Unité de formation et de recherches - Civilisations, religions, arts et communication) de l'Université Gaston Berger, le CESTI (Centre d'études des sciences et techniques de l'information), l'ISSIC (Institut supérieur des sciences de l'information et de la communication) pourraient être des partenaires. Des bourses de renforcement de capacités en gestion d'entreprise de presse pourraient également être octroyées à des médias dont le rôle en matière de démocratie, de crédibilité et d'indépendance est avéré.

Face au manque de formation de beaucoup de journalistes, il est nécessaire de continuer les initiatives déployées dans ce domaine en encourageant le développement de programmes de formation en cycle court et en cycle long : en cycle court, sous forme de séminaire et d'atelier de formation ; en cycle long, sous forme de formation diplômante de type Brevet de Technicien Supérieur, Licence ou Master dans les domaines les plus innovants du journalisme, notamment en rapport avec les technologies de l'information et de la communication. Dans ce cadre, des partenariats pourraient être noués avec les structures de formation existantes.

Au Sénégal, par exemple, des efforts sont déployés mais restent insuffisants. Le SYNPICS (Syndicat des professionnels de l'information et de la communication du Sénégal) n'a obtenu que 10% de l'aide de l'État à la presse, de l'ordre de 300 millions de francs CFA en moyenne depuis 1996, soient alloués à la formation. Toutefois, le montant dégagé ne couvre pas les besoins de formation. De plus, la régularité du versement de cette aide dépend du bon vouloir du « Prince ».

Toujours sur ce registre, il est important que cette idée de renforcement de capacités des journalistes soit décentralisée. Si l'on prend encore le cas du Sénégal, l'essentiel de la formation se fait à Dakar. Or, dans le cas des régions, le besoin de formation est réel. La plupart des correspondants régionaux ne sont pas formés en journalisme. La Convention des jeunes reporters fait des efforts mais ceux-ci sont insuffisants. À l'occasion des grands événements de l'agenda politique national, comme l'élection présidentielle ou les élections législatives, des programmes de monitoring de journalistes pourraient être multipliés afin que les journalistes comprennent mieux les enjeux pour les expliquer aux populations. Dans ce domaine, il y a certes des initiatives mais elles méritent d'être renforcées.

## CONCLUSION

De nos jours, si les populations africaines manifestent sous des formes diverses leur mécontentement ou leurs frustrations face aux problèmes politiques, économiques et sociaux qui les accablent, c'est parce qu'il y a une conscience citoyenne plus forte et plus d'esprit critique. Les médias privés indépendants ont joué et jouent un grand rôle dans ce processus d'éveil et de maturation de cette conscience citoyenne. Depuis leur éclosion, ils ne cessent de contribuer à la naissance d'une autre culture politique qui rompt progressivement avec l'esprit de résignation qui a longtemps caractérisé les populations africaines face aux dérives autoritaires de leurs gouvernants. Grâce à l'action des médias privés, les populations sont davantage conscientes que les pouvoirs en place doivent rendre compte de la manière dont ils gèrent la chose publique. Grâce également à l'action des médias privés, les populations sont devenues conscientes qu'elles détiennent, en cas d'élection présidentielle ou d'élections législatives, une arme de sanction face à tout pouvoir qui ne produit pas de résultat. Les alternances politiques enregistrées au Bénin en 1991, 1996 et 2001, et en 2000 et 2012 au Sénégal, offrent une belle illustration de ce pouvoir de sanction dont le détonateur reste les médias privés. Moyennant quelques réglages professionnels, éthiques et déontologiques, nous pouvons dire, partant des exemples béninois, sénégalais et togolais, que les médias privés africains sont des porteurs crédibles des processus de changements sociaux en Afrique.

## RÉFÉRENCES

Akindes, F. (1995) *Les Mirages de la démocratie en Afrique subsaharienne francophone*, Dakar, Codesria.

Barrat, J. (1992) *Géographie économique des médias : Médias et Développement*, Paris, Litec.

Chabi, M. (1993) *Banqueroute - Mode d'emploi (un marabout dans les grilles de la maffia béninoise),* Porto Novo, éditions Gazette Livres.

Conac, G. (1993) « Les processus de démocratisation en Afrique », in G. Conac (dir.) *L'Afrique en transition vers le pluralisme politique*, Paris, Economica.

Diop, M. C. et Diouf, M. (1990) *Le Sénégal sous Abdou Diouf. État et Société*, Paris, Karthala.

Diop, S. J. (2002) « Les élections au Sénégal, de l'indépendance à la fin des années 1990 », in PANOS (2002) *Médias et élections au Sénégal : la presse et les nouvelles technologies de l'information dans le processus électoral*, Dakar, NEAS.

Faye, M. (2008) *Presse privée écrite en Afrique francophone : enjeux démocratiques*, Paris, L'Harmattan.

Frère, M.-S. (2001) « Dix ans de pluralisme en Afrique francophone », in *Les Cahiers du Journalisme*, n° 9, Lille, p. 28-59.

--- (2000), *Presse et Démocratie en Afrique – Les mots et les maux de la transition*, Paris, Karthala.

--- (1999) « Démocratie au Bénin et au Niger », in *Mots. Les langages du politique*, n° 59, Paris, Presses de la Fondation Nationale des Sciences Politiques, p. 89-104.

Gaba, L. (2000) *L'État de Droit et le développement économique en Afrique subsaharienne*, Paris, L'Harmattan.

Loum, N. (2003) *Les médias et l'État au Sénégal – L'impossible autonomie*, Paris, L'Harmattan.

Noudjenoume, P. (1999) *La démocratie au Bénin – Bilan et perspectives*, Paris, L'Harmattan.

PANOS (2008) *Le pluralisme télévisuel en Afrique de l'Ouest : État des lieux*, Dakar, Institut Panos Afrique de l'Ouest, mai.

PANOS/UJAO (1993) *Le pluralisme radiophonique en Afrique de l'Ouest*, Paris, L'Harmattan (2 vol.).

PANOS/UJAO/SEP (1991) *Presse francophone d'Afrique : vers le pluralisme*, Paris, L'Harmattan.

Paye, M. (1992) « La presse et le pouvoir », in M.C. Diop (dir.) *Sénégal : Trajectoires d'un État*, Paris, Karthala.

Perret, T. (2001) « Le journaliste africain face à son statut », in *Les Cahiers du Journalisme*, n° 9, Lille, pp. 154-169.

Toulabor, C. M. (1986) *Le Togo sous Éyadéma*, Paris, Karthala.

Tudesq, A.-J. (1995) *Feuilles d'Afrique – Étude de la presse de l'Afrique subsaharienne*, Maison des Sciences de l'Homme d'Aquitaine.

**MAMANE SANI ADAMOU** est le Secrétaire général de l'Organisation pour la démocratie nouvelle (Niger). Membre du Conseil d'Administration d'*Alternatives Espaces Citoyens* (Niger) : www.alternativeniger.org ; Courriel : masaniad@yahoo.com

**DR FIDELIS ALLEN**, politologue. Maître de conférences au Département des Études Politiques et Administratives, à l'Université de Port Harcourt, à Choba, au Nigéria. Il est l'auteur de « Implementation of Oil Related Environmental Policies in Nigeria : Government Inertia and Conflict in the Niger Delta » (Cambridge Scholars Publishing, 2012) et de plusieurs articles dans les magazines et publications locales et internationales. Courriel: allfidelis@gmail.com

**DR KOJO OPOKU AIDOO**, politologue. Chercheur et coordinateur dans la section Histoire et Politique, Institute of African Studies, University of Ghana, Legon, Accra. Ses livres incluent "Political Stability in Ghana: Since the 1992 Re-Democratization Wave" (VDM Verlag, 2008) and "Political Participation, Governance, and Neopatrimonial Rule in Africa: The Case Of Ghana (1990-2000)" (VDM Verlag, 2008). Courriel : aidoo77us@yahoo.com

**DR MOR FAYE**, sociologue des médias et de la communication. Enseignant-chercheur à l'Université Gaston Berger (UGB), Saint-Louis, Sénégal. Chef du département de la communication de l'UFR Civilisations, Religions, Arts et Communication. Coordonnateur du Master de Cinéma documentaire. Directeur de la Communication et du Marketing de l'UGB. Auteur de « Presse privée écrite en Afrique francophone. Enjeux démocratiques » (L'Harmattan, 2008) et coauteur de « La Charte africaine de radiodiffusion. Quel impact en Afrique de l'Ouest ? » (IPAO éditeur, Dakar, 2011).

Courriel: mor.faye@ugb.edu.sn

**DR IKE OKONTA**, politologue. Coordinating Fellow au New Centre for Social Research (NCSR), un groupe de réflexion sur la politique publique qui travaille avec un large éventail de groupes civiques et politiques, le gouvernement nigérian y inclus. Il a publié plusieurs articles dans *Project Syndicate* et *The Guardian.* Auteur de "When Citizens Revolt: Nigerian Elites, Big Oil and the Ogoni Struggle for Self-determination" (Africa Research & Publications, 2008) et co-auteur de "Where Vulture Feast: Shell, Human Rights, and Oil in the Niger Delta" (Verso, 2003). Courriel : igokonta@gmail.com

**D[R] KEHINDE OLUSOLA OLAYODE** a obtenu son doctorat à l'Université de Cambridge, Royaume Uni. Maître de conférences, Département des Relations Internationales, Université Obafemi Awolowo, Ile-Ife, État d'Osun, Nigéria. Il est spécialiste des questions qui concernent la gouvernance, la société civile et le développement en Afrique. Courriel : kolayode@oauife.edu.ng

**D[R] NDONGO SAMBA SYLLA**, économiste du développement. Chargé de programmes et de recherche au bureau Afrique de l'Ouest de la Fondation Rosa Luxemburg. Il a coordonné l'ouvrage « Redécouvrir Sankara. Martyr de la liberté » (Exchange & Dialogue, 2012) et vient de publier « Le scandale commerce équitable. Le marketing de la pauvreté au service des riches » (Harmattan Sénégal, 2013). Ses travaux récents portent sur l'histoire du mot « démocratie ».

Courriel : n.sylla@rosalux.sn

## TABLE DES MATIÈRES

**L'HARMATTAN, ITALIA**
Via Degli Artisti 15 ; 10124 Torino

**L'HARMATTAN HONGRIE**
Könyvesbolt ; Kossuth L. u. 14-16
1053 Budapest

**L'HARMATTAN BURKINA FASO**
Rue 15.167 Route du Pô Patte d'oie
12 BP 226 Ouagadougou 12
(00226) 76 59 79 86

**ESPACE L'HARMATTAN KINSHASA**
Faculté des Sciences Sociales, Politiques et Administratives
BP243, KIN XI ; Université de Kinshasa

**L'HARMATTAN GUINÉE**
Almamya Rue KA 028 en face du restaurant le cèdre
OKB agency BP 3470 Conakry
(00224) 60 20 85 08
harmattanguinee@yahoo.fr

**L'HARMATTAN CÔTE D'IVOIRE**
M. Etien N'dah Ahmon
Résidence Karl / cité des arts, Abidjan-Cocody 03
BP 1588 Abidjan 03
(00225) 05 77 87 31

**L'HARMATTAN MAURITANIE**
Espace El Kettab du livre francophone
N° 472 avenue Palais des Congrès, BP 316 Nouakchott
(00222) 63 25 980

**L'HARMATTAN CAMEROUN**
Immeuble Olympia face à la Camair
BP 11486 Yaoundé
(237) 458.67.00/976.61.66
harmattancam@yahoo.fr

**L'HARMATTAN SÉNÉGAL**
« Villa Rose », rue de Diourbel X G, Point E
BP 45034 Dakar FANN
(00221) 33 825 98 58 / 77 242 25 08 / 33 860 98 58
senharmattan@gmail.com / senlibrairie@gmail.com

**L'HARMATTAN MALI**
Rue de Leipzig, face au Palais de la culture,
Porte 203, Badalabougou, Bamako
00 223 20 22 57 24 / 00 223 76 37 80 82
pp.harmattan@gmail.com

Achevé d'imprimer par Corlet Numérique - 14110 Condé-sur-Noireau
N° d'Imprimeur : 105856 - Dépôt légal : février 2014 - *Imprimé en France*

www.ingramcontent.com/pod-product-compliance
Lightning Source LLC
LaVergne TN
LVHW010937061026
849535LV00007B/2443
* 9 7 8 2 3 3 6 3 0 4 7 9 3 *